从亚里士多德谈生物学

刘枫　主编

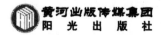

黄河出版传媒集团
阳光出版社

图书在版编目（CIP）数据

从亚里士多德谈生物学 / 刘枫主编 .-- 银川：阳光
出版社，2016.7（2022.05重印）
（站在巨人肩上）
ISBN 978-7-5525-2778-0

Ⅰ.①从… Ⅱ.①刘… Ⅲ.①亚里士多德（前
384- 前 322）- 生平事迹 - 青少年读物②生物学 - 青少
年读物 Ⅳ.① B502.233-49 ② Q-49

中国版本图书馆 CIP 数据核字 (2016) 第 178866 号

站在巨人肩上　从亚里士多德谈生物学　　　　刘枫　主编

责任编辑　金小燕
封面设计　瑞知堂文化
责任印制　岳建宁

◎ 黄河出版传媒集团　阳光出版社　出版发行

地　　址　宁夏银川市北京东路139号出版大厦（750001）
网　　址　http://www.ygchbs.com
网上书店　http://shop129132959.taobao.com
电子信箱　yangguangchubanshe@163.com
邮购电话　0951-5047283
经　　销　全国新华书店
印刷装订　天津兴湘印务有限公司
印刷委托书号　（宁）0020180

开　　本　710 mm×1000 mm　1/16
印　　张　8
字　　数　128千字
版　　次　2016年7月第1版
印　　次　2022年5月第2次印刷
书　　号　ISBN 978-7-5525-2778-0
定　　价　35.80元

前　言

哲人培根说过:"读史使人睿智。"是的,历史蕴含着经验与真知。

科学的发展是一个漫长的过程,一代又一代的科学家曾为之不懈努力,这里面不仅有着艰辛的探索、曲折的经历和动人的故事,还有成功与失败、欢乐与悲伤,甚至还饱含着血和泪。其中蕴含的人文精神,堪称人类科技文明发展过程中最宝贵的财富。

本系列丛书共 30 本,每本以学科发展状况为主脉,穿插为此学科发展做出重大贡献的一些杰出科学家的动人事迹,旨在从文化角度阐述科学,突出其中的科学内核和人文理念,提升读者的科学素养。

为了使本系列丛书有一定的收藏性和视觉效果,书中还汇集了大量的珍贵图片,使昔日世界的重要场景尽呈读者眼前,向广大读者敬献一套图文并茂的科普读本。

由于编者水平有限,加之时间仓促,疏误之处在所难免,敬请广大读者批评指正。

编者

目　录

亚里士多德的自我介绍

名句箴言

真理。

我爱我师，我更爱

——亚里士多德

自我介绍

我是亚里士多德,公元前 384 年出生于富拉基亚的斯塔基尔希腊移民区,父亲是马其顿国王的御医。公元前 367 年,17 岁的我到当时希腊的文化中心雅典,进入柏拉图的阿卡德米学园学习。由于我的勤奋好学,深受柏拉图的喜爱,成为柏拉图的得意门生,但我的哲学思想在内容和方法上却同柏拉图老师存在着严重的分歧。我在学园一

亚里士多德

共学习了 20 年,直到柏拉图去世才离开学园。

柏拉图去世以后,我到小亚细亚各城邦去讲学。公元前 343 年,也就是在我 42 岁时,应马其顿王的邀请,我担任了王子亚历山大的老师。当时亚历山大只有 13 岁。公元前 335 年,我回到雅典,创办一所学园,名叫吕克昂,又称逍遥学派。我在这里从事学术研究和教学活动达 13 年。亚历山大王去世以后,我被迫离开雅典,并把吕克昂交给别人代为管理。

我的文艺理论著作传世的有《诗学》和《修辞学》。《诗学》针对柏拉图的哲学和美学思想,就文艺理论上两大根本问题作了深刻的论述。第一个问题是文艺与现实的关系问题。柏拉图认为现实世界是理式世界的摹本,而艺术作品则是摹本的摹本。这样柏拉图就否定了现实世界的真实性,因而也否定了艺术作品的真实性。而我则认为艺术作品所模仿的对象是"人的行动、生活",这样就肯定了现实世界的真实性。第二个问题是文艺的社会功用问题。柏拉图把感情当作人性中的卑劣部分,认为那是逢迎人心的非理性部分,损害了理性,使人失去对感情的控制。而我则认为感情是人所不可少的,是对人有益的。因为悲剧的功用在于引起怜悯与恐惧的感情,使这种感情得到宣泄,这样,人的心理就恢复了健康。另一种解释是,使这种感情得到陶冶,也就是说,使怜悯与恐惧保持适当的强度,借此获得心理上的平衡。总之,我认为悲剧对社会道德可以起良好的作用。

此外,我认为人的灵魂分成三部分。(1)植物的灵魂。这是最低级的灵魂,主要表现在营养、发育、繁殖、生长等生理方面;(2)动物的灵魂。这是灵魂的中级部分,主要表现在本能、感觉、情感、欲望等方面;(3)理性的灵魂。这是灵魂的高级部分,主要表现在认识与思维方面。

与此相结合的则涉及到教育的目的,不仅是为国家培养有教养的公民和治国人才,而且要发展个人的天性,使年轻一代得到和谐发展,为将来的美好生活作准备。

为了实现这个教育目的,我主张顺应灵魂的三个部分,对人进行体育、德育、智育三个方面的教育。

关于体育,我认为体育的目的是使儿童身体健康、具有勇敢精神和坚强意志。在三个方面的教育中,体育应放在首先的位置,因为健康的身体是城邦公民参加政治活动、参加战争和过美好生活的基本条件。我还主张对儿童的体育训练应该适度,因为过度的训练和不足的训练都会损坏儿童的健康。因此我反对斯巴达式的操练，主张"在体育训练中应把高贵的东西，而不是什么兽性的东西，放在第一位。"同时我还认为，为了儿童的健康，不仅要进行体育训练，还要注意适当的饮食。

关于德育，我认为道德教育的目的是要培养人的美德。当人的各种天赋职能都得到满足，并能在理性的支配和领导下得到和谐而充分的发展时，人就是一个有美德的人。或者说，当一个人的感情、欲望为理性所控制时，人就产生美德。我还认为，美德的特性就是"中庸之道"。所谓"中庸之道"，就是"在适当的时候，对适当的事物，对适当的人，由适当的动机和适当的方式来感受这些感觉，就既是中间的，又是最好的，而这乃是美德所具有的。"例如在莽撞与怯懦之间有勇敢，在吝啬与浪费之间有慷慨，在怕羞与无耻之间有谦虚，等等，其中勇敢、慷慨、谦虚就是"中庸之道"，就是美德。为了培养美德，不仅要认识美德的意义，而且要从小培养良好的习惯，就是说要通过实践来进行道德教育。

我认为，音乐和绘画在培养美德的过程中具有重要的作用。特别是音乐，具有特殊重要的作用。音乐不仅可以供人娱乐，使人解除疲劳，而且可以陶冶人的性情，涵养人的理性，激荡人的灵魂，使人产生巨大的变化。因此应该慎重选择好的乐曲来对儿童进行道德教育。这样，就可以把美育和德育联系起来了。

关于智育,我认为,智育的学习是为了培养"理性灵魂"。我主张年轻一代要学习广泛的知识。我认为学习的目的不仅是为了有用,也不仅是为了把工作做好,而且是为了使人善于利用闲暇。为此,我特地提出了"自由教育"的理论;事实上我还觉得如果单纯追求有用,就不能形成高尚自由的心灵。

在教育史上,我首先提出教育要与人的自然发展相适应,即要根据儿童的年龄特征来进行教育。我把年轻一代的教育划分为三个时期。

1.从出生到7岁这是学前教育时期。幼儿主要在家庭受教育。这时期教育的任务主要是促使幼儿的身体健康发育成长。应该注意幼儿的营养,应该用母乳喂养。对幼儿的教育应以游戏为主,对游戏应进行指导。要从小养成良好的习惯。对幼儿要进行身体锻炼,但要循序渐进,要适量,不能过度,防止儿童受到伤害。

2.从7岁到14岁这是儿童"进入正规的集体教育"的阶段。这时儿童进入学校学习,主要使儿童掌握读、写、算的基本知识和技能,并进行体操训练和音乐教育。

3.从14岁到21岁这一阶段的主要任务是发展学生的"理性灵魂"。这也许就是我在吕克昂所进行的教育。

　　亚里士多德是古希腊最博学的哲学家、科学家和教育家。他对哲学、政治学、伦理学、物理学、生物学、逻辑学、心理学、美学等都有精深的研究，写有大量著作，这些著作大部分流传至今。他的思想对后世影响很大。作为古希腊哲学家、科学家的亚里士多德在古希腊哲学史和科学史上，曾是最博学的人物。特别是他的著作《工具论》《形而上学》《物理学》《伦理学》《政治学》《诗学》等，对后来的哲学和科学的发展影响颇深。还可以说，在希腊科学史上，亚里士多德标志着一个转折点，因为他是最后提出一个整个世界体系的人。

　　在亚里士多德之前，科学还处于胚胎时期，亚里士多德孕育了这一胎儿并使它降生。希腊人之前的文化都是用超自然的力量来解释自然界的每种神秘变化的，到处都是神的作用。亚里士多德的光辉成就之一就是能以宽广的胸怀和勇气把科学组织成一个有条不紊的庞大机体。但是，亚里士多德是拥护奴隶制度的。他认为社会上有一部分人做奴隶，一部分做主人，是"当然而合理"的事,这又说明他思想中的阶级局限。

公元前323年,亚历山大死后,雅典人激烈地反对马其顿的统治。有人告发了曾做了亚历山大老师的亚里士多德,准备将他逮捕。亚里士多德的学生及时得到消息,帮助护送他们的老师,逃出雅典,来到亚里士多德的故乡优卑斯亚岛的卡尔喀斯城避难。第二年夏天,这位伟大的思想家、哲学家,在凄凉的境遇中死去。

作为哲学家柏拉图最得意的学生,亚里士多德俨然成为古代知识的集大成者,同时也是第一个系统掌握生物学知识的人。他在动物分类、解剖和胚胎发育等方面做了大量工作,著有《动物志》《动物的结构》《动物的繁殖》和《论灵魂》等。

可以说,亚里士多德对生物学的起源做出了巨大的推动作用,本书将在之后的篇章中对生物学的起源和发展做出更加详细的阐述。

生 物 学 发 展 纵 论

名句箴言

生物学的研究对象

生物学是研究生物各个层次的种类、结构、功能、行为、发育和起源进化以及生物与周围环境的关系的科学。人也是生物的一种，也是生物学的研究对象。

生物学家根据生物的发展历史、形态结构特征、营养方式以及它们在生态系统中的作用等，将生物分成若干界。

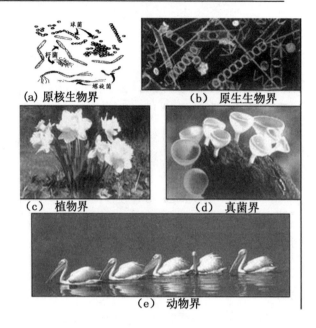

(a) 原核生物界　　　　(b) 原生生物界

(c) 植物界　　　　　　(d) 真菌界

(e) 动物界

五界说

现在比较通行的认识是将地球上的生物界划分为五界：细菌、蓝菌等原核生物是原核生物界；单细胞的真核生物是原生生物界；光和自养的植物界；吸收异养的真菌界；吞食异养的动物界。

病毒是一种非细胞生命形态，它由一个核酸长链和蛋白质外壳构成，病毒没有自己的代谢机构，没有酶系统。因此病毒离开了宿主细胞，就成了没有任何生命活动、也不能独立自我繁殖的化学物质。一旦进入宿主细胞后，它就可以利用细胞中的物质和能量以及复制、转录和转译的能力，按照它自己的核酸所包含的遗传信息产生和它一样的新一代病毒。病毒基因同其他生物的基因一样，也可以发生突变和重组，因此也是可以演化的。因为病毒没有独立的代谢机构，不能独立的繁殖，因此被认为是一种不完整的生命形态。近年来发现了比病毒还要简单的类病毒，它是小的 RNA 分子，没有蛋白质外壳，但它可以在动物身上造成疾病。这些不完整的生命形态的存在说明无生命与有生命之间没有不可逾越的鸿沟。

原核细胞和真核细胞是细胞的两大基本形态，它们反映了细胞进化的两个阶段。把具有细胞形态的生物划分原核生物和真核生物，是现代生物学的一大进展。原核细胞的主要特征是没有线粒体、质体等模细胞器，染色体只是一个环状的 DNA 分子，不含组蛋白及其他蛋白质，没有核膜。原核生物主要是细菌。真核细胞是结构更为复杂的细胞。它有线粒体等膜细胞器，有包以双层膜的细胞核把核内的遗传物质与细胞质分开。DNA 是长链分子，狱卒蛋白以及其他蛋白合成染色体。真核细胞可以进行有丝分裂和减数分裂，分裂的结果是复制的染色体均等地分配到子细胞中。原生生物是最原始的真核生物。

植物是以光和自养为主要营养方式的真核生物。典型植物细胞都含有液泡核以纤维素为主要成分的细胞壁。细胞质中由进行光合作用的细胞器——叶绿体。植物的光合作用都是以水为电子供体的，光合自养是植物的主要营养方式，少数的高等植物是寄生的，还有更少数的植物能够捕捉小昆虫，进行异养吸收。植物从单细胞绿藻到被子植物是沿着适应光合作用的方向发展的。高等植物中发生了植物的根、茎、叶的分化。叶柄和众多分支的茎支持片状的叶向四面展开，以获得最大的光照和吸收面积，细胞也逐渐分化成专门用于光合作用、输导和覆盖等各种组织。大多数植物通过有性生殖，形成配子体和孢子体世代交替的生活史。植物是生态系统中最主要的生产者，也是地球上氧气的主要来源。

真菌是以吸收为主要营养方式的真核生物。真菌有细胞壁，细胞壁含有几丁质，也含有纤维素。几丁质是一种含氨基葡萄糖的多糖，是昆虫等动物骨骼的主要成分，植物细胞不含几丁质。真菌没有质体和光合色素。真菌的繁殖能力很强，繁殖方式多样，主要是以无性或有性生殖产生的各种孢子作为繁殖单位。真菌分布非常广泛，在生态系统中，真菌是重要的分解者。

动物是以吞食为营养方式的真核生物。吞食异养包括捕获、吞食、消化和吸收等一系列复杂的过程。动物体的结构是沿着适应吞食异养的方向发展的。单细胞动物吞入食物后形成食物泡。食物在食物泡中被消化，然后透过膜而进入细胞质中，细胞质中溶酶体与之融合，就是细胞内消化。

多细胞动物在进化过程中，细胞内消化逐渐为细胞外消化所取代，食物被捕获后在消化道内由消化腺分泌酶而被消化，消化后的小分子营养物经过消化道吸收，并通过循环系统输送到身体的各种细胞中。与此相适应，多细胞动物逐步形成了复杂的排泄系统、外呼吸系统以及复杂的感觉系统、神经系统、内分泌系统和运动系统等。在全部生物中，只有动物的身体构造发展到如此复杂的高级水平。在生态系统中，动物是有机食物的消费者。

主要动物病毒群的形态在生命发展的早期，生态系统是由生产者和分解者组成的两环系统。随着真核生物特别是动物的产生和发展，两环生态系统发展成有生产者、分解者和消费者所组成的三环系统。出现了今日丰富多彩的生物世界。

从类病毒、病毒到植物、动物，生物拥有众多特征鲜明的类型。各种类型之间又有一系列的中间环节，形成连续的谱系。同时由营养方式决定的三大进化方向，在生态系统中呈现出相互作用的空间关系。因而，进化既是时间过程，又是空间发展过程。生物从时间的历史渊源和空间的生活关系上都是一个整体。

过去属于死神，未来属于你自己。

——雪莱

名句箴言

生物的特征

生物不仅具有多样性，而且具有一些共同的特征和属性。生物具有多层次的结构模式。对于病毒以外的一切生物都是由细胞组成的，细胞是由大量原子和分子所组成的非均质的系统。

从结构上看，细胞是由蛋白质、核酸、脂类、多糖等组成的多分子动态体系；从信息论观点看，细胞是遗传信息和代谢信息的传递系统;从化学观点看,细胞是由小分子合成的复杂大分子;从热力学上看,细胞是远离平衡的开放系统。除细胞外,生物还有其他结构单位。细胞之下有细胞器、分子、原子,细胞之上有组织、器官、器官系统、个体、生态系统、生物圈等等。生物的各种结构单位,按照复杂程度和逐级结合的关系而排列成一系列的等级,这就是结构层次。较高层次上会出现许多较低层次所没有的性质和规律。其他的还有很多,比如生物的有序性和耗散结构、生物的稳定性,生命的连续性,个体发育,生物的进化,生态系统中的相互关系等等。这些都说明,尽管生物世界存在惊人的多样性,但所有的生物都有共同的物质基础,遵循共同的规律。生物就是这样一个统一而又多样的物质世界。

名句箴言

我的箴言始终是：无日不动笔，如果我有时让艺术之神瞌睡，也只为要使它醒后更兴奋。

——贝多芬

生物学的分支

由于生物种类的多样性，也由于人们对生物学的了解越来越多，学科的划分也就越来越细，一门学科往往再划分为若干学科。

按生物类群划分学科，有利于从各个侧面认识某一个自然类群的生物特点和规律性。但无论研究对象是什么，都不外乎分类、形态、生理、生化、生态、遗传、进化等等。

生物在地球历史中有着很长的发展历史,大约有 1500 万种生物已经灭绝,它们的遗骸保存在地层中形成化石。古生物学专门通过化石研究历史上的生物;生物的类群是如此的繁多,需要一个专门的学科来研究类群的划分,就产生了分类学;形态学是生物学中研究动植物的形态结构的学科,随着显微镜的使用,形态学又深入到超微结构的领域,组织学和细胞学也就相应地建立起来了;生理学是研究生物机能的学科,生理学的研究方法是以实验为主;遗传学是研究生物性状的遗传和变异,阐明其规律的学科;胚胎学是研究生物个体发育的学科;生态学是研究生物与生物之间以及生物与环境之间的关系的学科。研究范围包括个体、种群、群落、生态系统以及生物圈等层次。揭示生态系统中食物链、生产力、能量流动和物质循环的有关规律;生物化学是研究生命物质的化学组成和生物体各种化学过程的学科,是进入 20 世纪以后迅速发展起来的一门学科。生物化学的成就提高了人们对生命本质的认识。生物化学侧重于生命的化学过程、参与这一过程的物质、产品以及酶的作用机制的研究。分子生物学是从研究生物大分子的结构发展起来的,现在更多的仍是研究生物大分子的结构与功能的关系,以及基因的表达、调控等方面的机制;生物物理学是用物理学的概念和方法研究生物的结构、生命活动的物理和物理化学过程的学科。早期生物物理学的研究是从生物发光、生物电等问题开始的。随着生物学、物理学的发展,新概念的产生和介入,生物物理的研究范围和水平不断加深加宽。产生了量子生物学、生物大分子晶体结构以及生物控制论等小分支;生物数学是数学和生物学结合的产物,它的任务是研究生命过程中的数学规律。总之,生物学中一些新的学科在不断地分化出来,另一些学科又在走向融合。生物学分科的这种局面,反映了生物学极其丰富的内容,也反映了生物学蓬勃发展的景象。

生活就像海洋，只有意志坚强的人，才能到达彼岸。

——马克思

名句箴言

研究生物学的意义

生物与人类生活的许多方面都有着非常密切的关系。生物学作为一门基础科学，传统上一直是农业和医学的基础，涉及种植业、畜牧业、养殖业、医疗、制药、卫生等等。随着生物学理论与方法的不断进步，它的应用领域也在不断扩大。现在，生物学的影响已经扩展到食品、化工、环境保护、能源、冶金等方面。如果考虑仿生学的因素,它还影响到了机械、电子技术、信息技术等等诸多领域的发展。

　　和其他学科一样,生物学依据自己所研究的对象,也有一些基本的研究方法——观察描述的方法、比较的方法、实验的方法等等,也都具有自己的特点。对于生物学来说,既需要有精确的实验分析,又需要从整体和系统的角度来观察生命,生物学积累了大量关于各种层次生命系统及其组成部分的资料。今天对于生命系统的规律做出定量的理论研究已经提到日程上来,系统论方法将作为新的研究方法而受到人们的重视。

"一切原始人都是热心的博物学者",有的人持这个观点不足为奇,因为原始人类的生存有赖于他们对自然的了解。他们必须认清潜在的敌人与生计的来源,他们关心的是生与死,"精神"以及人和其他生物的区别。随着人类为了自身生存的需要和对有机界奥秘探索兴趣的增长,有关动植物的知识逐渐积累。

早在文艺复兴前,包括解剖学和生理学知识的医学已在大学中占有重要地位。文艺复兴后的 17 世纪,生理学继解剖学而成为医学的重要部分。实验方法也继观察、描述、比较和推测之后,开始在生物学中应用。显微镜的发明,标志着揭示微观生物界的开始。18 世纪动物学、植物学已经进入大学的讲堂,集前人达成的动植物分类学也为以后的系统的分类学奠定了基础。19 世纪作为生物学基础的细胞学说和达尔文进化理论先后建立,微生物学和胚胎学等学科均取得重大进展,生物学呈现空前的繁荣。20世纪的生物学由于越来越多地受到化学、物理学、数学从原理到方法的巨大影响,在微观方面向着生物大分子的水平发展,在宏观方面生态学向着生态系统的水平发展。20
世纪50年代,被誉为生物学革命的"分子生物学"的兴起,
改变了生物学的面貌,让生物学跨入了精确科学的行列。
同时,生物学对医疗卫生、农业生产、工业生产都显示出强
大的推进作用。

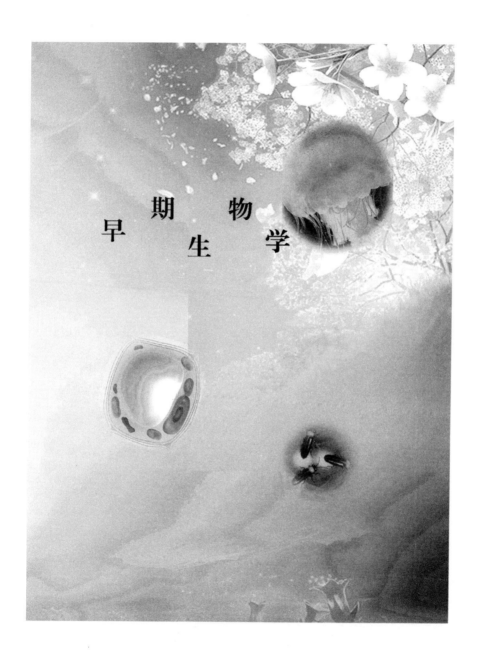

早 期 生 物 学

名句箴言

信念是由一种愿望产生的，因为愿意相信才相信，希望相信才相信，有一种利益所在才会相信。

——斯特林堡

生物学萌芽

希腊时期是自然科学的萌芽阶段，那时的生物学是属于自然哲学的一部分。公元前 600 年前后，希腊哲学家相信万事必有原因，而且特定的原因产生特定的效果。这些哲学家还设想存在一种统治宇宙的"自然法则"，认为这种自然法则通过人们的观察与推论是可以理解的。这种因果关系和理性思想的概念对以后的科学研究有深刻的影响。希腊哲学家阿那克西曼德认为世界万物产生于一种没有固定形态和性质的物质,称为"无定限",由此产生热与冷、形成水,再形成土、空气和火。他们提出生命是在泥土内自然发生的,最初产生动物和植物,以后产生人;最初的人像鱼,生活在水中,以后脱去鱼的外皮,到陆地上生活。

恩培多克勒认为物质的"根源"或"元素"是土、水、气和火。这4种元素受吸引力与排斥力的影响,按不同比例结合,形成各种类型的物质。他第一个描述了内耳迷路,他把眼睛比作灯,认为血液是智慧的所在地。希波克拉底等人代表一个讲究实际的理性医疗学派,他们把病因与神鬼分开。详细地观察记录病症,并采用适当的治疗方法,开辟了走向近代临床医学的道路。

希波克拉底的女婿波利布斯在《人类的本性》一书中提出所有生物都由4种体液即血液、黑胆汁、粘液与黄胆汁构成,它们分别起源于心脏、脾脏、脑与肝脏,如果某种液体失调就会生病。

名句箴言

最可怕的敌人，就是没有坚强的信念。

——罗曼·罗兰

亚里士多德与生物学

亚里士多德在动物分类、解剖、胚胎发育等方面做了大量工作，他是将生物学分门别类的第一人，被公认为生物学的创始人。他写出了专门著作，如《动物志》《动物的结构》《动物的繁殖》和《论灵魂》等。在动物分类方面，他所用的"属"和"种"是一种逻辑概念。在实际分类时，他一方面使用逻辑上的两分法,如有血或无血,有毛或无毛;另一方面也注意根据动物的外部形态、内部器官、栖居地、生活习性、生活方式等许多特征。他把动物分成有血动物与无血动物:有血动物分为①有毛胎生四足类,②鸟类,③鲸类,④鱼类,⑤蛇类,⑥卵生四足类;无血动物分为①软体类,②甲壳类,③有壳类,④昆虫类。在对动物发育的观察研究基础上,他把动物的繁殖分为有性、无性与自然发生 3 类。

亚里士多德在植物学方面的著作没有留存下来。他的学生泰奥弗拉斯托斯对植物分类、植物解剖和植物生理做了许多研究,著有《植物志》和《论植物的本源》等。他首先发现了比较法的启发意义并理所当然地被尊称为比较法的创始人。他也是详细叙述很多种动物生活史的第一个人。他写出了关于生殖生物学和生活史的第一本书。他特别注意生物多样性现象以及动植物之间的区别的意义,而且他对无脊椎动物的分类比两千年后林奈的分类更合理。

亚里士多德的显著特点是追究原因,他并不满足于仅仅提出"怎样"的问题,而且还提出"为什么"的问题,这在当时来说是非常了不起的。例如为什么有机体从一个受精卵发育成完整的成体?为什么生物界中目的导向的活动和行为如此之多?他清楚地了解仅仅构成躯体的原材料并不具备发展成复杂有机体的能力。必然有某种额外的东西存在。亚里士多德认为自然物按本身的性质而行动,所有的自然现象都是作用过程或过程的表现。由于任何过程都有目的,所以他认为对目的的研究是研究自然的主要组成部分。因此对亚里士多德来说,一切结构和生物性活动都有其生物学意义,或者就像我们现在所说的,有其适应意义。亚里士多德的主要目的之一就是解释这些意义。亚里士多德的"为什么"问题在生物学史上具有重要的启示作用。

关于世界的起源和性质有四种设想:(1)持续时间短的静止世界;(2)持续时间无限的静止世界(3)循环变化的世界,鼎盛时期与衰败时期交相更替;(4)逐渐进化的世界。亚里士多德坚信世界基本完美无缺从而排除了进化的观点。

亚里士多德的先进思想只是近几十年才得到充分肯定。他在过去几个世纪中之所以声名狼藉有几个原因。一个原因是托马斯主义者奉他为他们的权威哲学家,后来当经院哲学声誉扫地时,亚里士多德也就自然地跟着倒了霉。另一个更重要的原因是在十六,十七世纪科学革命时期中几乎全部着重点都放在物理科学上。由于亚里士多德发展了著名的生物学哲学,同时不幸地认为宏观世界与微观世界可以同样看待,人们便将他的生物学思想引用于物理学和宇宙学。这样一来就产生了可悲的后果,正如十六、十七、十八世纪中培根,笛卡尔以及许多其他学者一再指责的那样。考虑到亚里士多德的大部分研究是如此出色,如此富有创造性,这些学者对他的百般非难与嘲讽真是难以令人理解。

　　随着生物科学从物理科学中解放出来的程度,现代对亚里士多德的重要性的重新评价也随之增长。只是当现在对生物有机体的双重性充分认识了之后才领悟到生长发育和功能的设计蓝图——遗传程序就相当于亚里士多德所假定的造型因素。

不奋苦而求速效，只落得少日浮夸，老来窘隘而已。

——郑板桥

名句箴言

中世纪前生物学的发展

公元前 4 世纪末或 3 世纪初亚历山大学派的希腊医生、解剖学家希罗菲卢斯把人体结构与大型哺乳类结构进行了比较。他认识到脑是神经系统的中枢，智慧的所在，并把神经区分为感觉神经和运动神经，把血管区分为动脉与静脉，认为动脉内是空气中的灵气与血液的混合物，而静脉内只流过血液。

公元前 1 世纪罗马人的版图不断扩大。由于他们比较重视实用，因此与农、医有关的生物学有一定的发展。生于小亚细亚帕加马、在罗马行医的加伦，在古代生物学中有光辉成就。他把希腊解剖知识和医学知识系统化，并把一些医学

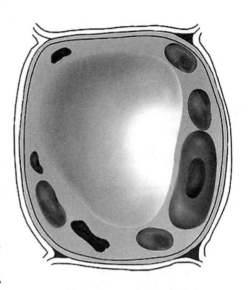

成熟的植物细胞模式图

学派统一起来，是古代解剖学、医学知识的集大成者。他用实验方法证明流动于动脉内的是血液而不是空气。他的生理学贯穿着"元气"的思想。他同意埃拉西斯特拉塔的血液产生于肝脏的观点，认为血液是由食物的有用部分变成的"乳糜"从肠道经门脉进入肝脏，受元气作用变成暗色静脉血，元气也被改造成自然灵气。血液带着自然元气在静脉内通过涨落分布到全身组织，其中一部分经静脉主干进入内脏的右边。同时一部分血液内的不纯物质通过动脉样静脉运送到肺部蒸发到体外，另一部分通过心脏膈膜上的小孔，进入心脏的左边，静脉血遇到田气管和静脉样动脉带来的元气，两者混合产生颜色鲜艳的动脉血和活力元气。

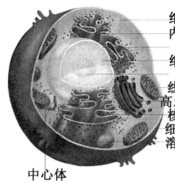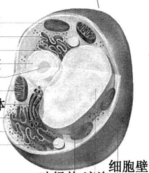

细胞质
内质网
核膜
细胞核
核仁
线粒体
高尔基体
核糖体
细胞膜
溶酶体
中心体
叶绿体 液泡 细胞壁

动物细胞和植物细胞模式图

　　加伦在从事外科治疗时,虽有机会接触到人体,但由于当时不准解剖人的尸体,他就对猴体做了很完整的解剖研究。著有《解剖纲要》16卷及《人体各部分的功能》等。加伦还做过切断中枢神经的实验,发现切断第1、第2节脊椎骨之间的脊髓,引起动物死亡;切断第3、第4节间的,则动物停止呼吸;切断第6节以下,发生胸腔肌肉麻痹,但并不妨碍膈肌运动,动物仍可继续呼吸。

　　公元11世纪初,阿拉伯医学家和哲学家伊本·西拿所著的《医典》是古代和穆斯林全部医学知识的汇合,是阿拉伯文化的最高成就之一,它作为欧洲大学医学教科书一直沿用到17世纪。12世纪植物学和动物学开始从医药、兽医方面独立出来。13世纪科学活动的重点移到了欧洲。在1200～1225年间,亚里士多德全集被译成了拉丁文。德国学者大阿尔伯特的动物学、植物学著作虽仍以亚里士多德的学说为基础,但已补充了许多新的观察事实。随后,意大利成为中世纪最活跃的科学中心。14 世纪初,意大利解剖学家蒙迪诺·戴·柳奇亲自解剖尸体,纠正了前人的一些错误,于1316 年出版了《解剖学》一书,在阐述人体结构时也记述了器官的功能,使中世纪的解剖生理学达到了高峰。

众所周知,宇宙星体碰撞,使星体必然一而再、再而三地毁灭地表上的一切。由于被蒸发的岩石会使大海沸腾、陆地熔化,这对地表以下数十米深度的生物都是致命的。不过,如果我们继续往下,哪怕是特大的星体碰撞,这样的深度微生物恐怕也能承受。对远古地表的生命造成危害的另一个原因是紫外线辐射。由于没有臭氧层的保护,太阳光的照射对于生命来说无疑是致命的。而且,由于当时火山的喷发远比现在剧烈,火山喷发会产生大量的火山尘。大量的烟雾会引起气候的变化,星体碰撞也会产生气压的变化,这些都是非常剧烈的。可是,一旦到了地表以下,所有的一切都要稳定、平和得多。

除此以外,生活在地表以下还有一个好处,那就是生命所需的原材料随时都可以获取。直到今天,地球的地壳还稳定而持续地散发出氢气、甲烷、硫化氢以及其他还原性气体。这些正是有效合成生物分子所需要的化学物质。不过,如果是在地表以下,尤其是火山口附

站在巨人肩上——从亚里士多德谈生物学

近,地壳会散发出极为丰富的易挥发性物质,这些物质的组成成分就是还原性化学元素,如黑色铁。同时,地下岩石和火山喷发物里还含有其他的滋养物质,如硫和镁。而且,海底玄武岩多孔,这就形成密密麻麻迷宫般的坑穴,有利于有机物质的聚集,也为催化化学反应提供了广阔的场所。总之,经实验证实,这一切形成了一个能产生极高的生物化学环境。不过,与米勒和尤里传统的实验控制相比,海底地壳因地热作用而产生的有机物质要丰富得多。

跟生命所需的原材料一样,能量也是一个必须考虑的重要因素。经计算,圣路易斯华盛顿大学的埃弗雷特·肖克已经得出深海热液喷出口附近的能量及热熵值。肖克解释说,"地下海水"和热液处于不平衡的状态,于是二者会相互运动、相互混合以趋更为稳定,这一过程会产生巨大的热动力,形成有机化合物。肖克同时发现,当温度在100℃～150℃之间时,这一过程所获得的能量达到最大值,而这一温度范围正是喜超高温生物生存环境的温度范围。

这些有机体不仅能随时获得巨大的化学能和热能,还能通过制造简单的有机化合物攫取能量。而有机化合物释放的能量则可以补偿合成缩氨酸等化学反应中

40

的热动力亏损。人们常说，天下没有免费的午餐，但在热液中生活的微生物不但能吃上免费的午餐，还有人付钱倒贴给它。

尽管这些思想看起来很有说服力，但是，要证明生命开始于灼热的地表深处，其中最有说服力的证据并非来自化学，而是来自基因学。因为，现存有机体的基因可以说明其过去。因此，我们要弄清宇宙先祖的性质，必须仔细研究分子生物学。重建生命的树形图，决定不同微生物的演变历程。通过这种研究，我们可以推断，哪种类型的有机体演变时间最少，从而决定哪种生物最像史前最早的生命形式。研究结果证明，最早的生命形式极可能就是太古代生物。据推测，太古代生物构成了生命三大领域的其中之一。在很久以前，大约在 38 亿年前，它便从细菌和真核细胞等其他领域分离了出来。但是，太古代生物与大多数细菌和真核细胞极不相同，后者经历了巨大的基因变异，而前者的演变历程却非常缓慢。

在已知的众多太古代生物类属中，有些生物的基因演变是最缓慢的。这些基因演变极其缓慢的生物包括高温网菌和原生喜温菌。基因演变中产生返祖现象的生物，正是那些杂乱地生活在灼热的海底火山口以及地表以下温度极高的岩石中的有机体。我们可以从基因图中清楚地看到，与宇宙最古老的有机体最为相似的是地下深处的喜温生物。

也许，这并不让人感到意外。在漫长的地质时代里，地球的表面经历了巨大的变化，而地表以下所发生的变化则微乎其微。现在很多地方的地貌，如海底沉积岩以及海底喷发热液的火山口，与数十亿年前的状况相比，几乎没有什么变化。如果生命的确是从灼热的地表深处产生的，那么它们完全可以继续在这些地方生存，直到今天。由于生存环境相对稳定，所以我们可以认为，与古老的祖先相比，这些生活在灼热的地表以下的生物几乎没有什么差别。在那灾变频繁的时代，为了能在这灼热而危险的星球生存立足，远古的生物可谓煞费苦心、殚精竭虑。它们生活在地下、海底，聚集在不断喷发热液的火山口附近，生活在这灼热的水域之中，这些微生物很可能就是远古生物的残留。

当微生物学家最初发现超级喜温菌属的时候，他们一致认为，这些菌属属于变异菌属。最初，它们生活在一些温度较高的特别小环境里，后来经过演变，它们逐渐适应了这种独特的环境，成为今天这种奇特的有机体。可是到了今天，有关证据却得出了与此相反的结论：微生物最初都是超级喜温菌属，可是到了后来，部分菌属逐渐演变，适应了低温的生存环境。现在地表以下还有一些地带，其生存环境与亘古时代极为相似。人们可以发现，那儿的生物仍然以 40 亿年前原始的方式生存繁殖。地下的生命从一开始便快乐地生活着。生命，是从深深的地下升起的。

生命源于灼热的地下，这一理论最先是由马里兰大学的杰克·科利斯在 1981 年提出来的成果，后来，托米·戈尔德写了一篇具有理论开拓性的文章，发表于 1992 年，题目是《灼热的地下生态圈》，使这一理论得以推广。我们可以看出，太古代生物中喜超高温生物的数量很多，而进化程度更高、构造更复杂的真核细胞生物中喜超高温生物的数量则相对较少。从细菌类生物来看，细菌类生物中喜超高温生物较少，喜低温生物较多，而更多的则是喜中温生物。从总体上看，各种生物的数量分布表明，真核细胞生物中最主要的是喜低温生物，只有一小部分后来适应了高温的环境，变成了喜高温生物。但太古代生物和细菌菌属则相反，它们一开始就喜欢高温，只是少部分后来经过演变，逐渐喜欢低温的生存环境了。

从太古代生物的基因构造来看，种种情形表明，太古代生物就是生活在灼热的地下的古生物的残留。如真果是这样，这些生物就可以给我们提供一幅图画，了解远古时代生命的情形，以及当时地球的具体模样。或许，我们不妨反过来说：如果太古代微生物的生活方式与我们对远古的知识相吻合，这无疑可以证明。这些有机体就是微型的时空舱，可以帮助我们回到遥远的远古……

文艺复兴和近代生物学的发展

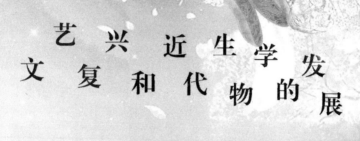

名句箴言

巨大的建筑，总是由一木一石叠起来的，我们何妨做做这一木一石呢？我时常做些零碎事，就是为此。

——鲁迅

生物学发展

文艺复兴时期

公元 14～15 世纪，文艺复兴在意大利起源。开始是对古典文献和古典思想的再发现，继而冲破宗教与神学的思想束缚，使许多学者抛弃了对权威的盲从，树立起独立思考和批判的精神。

一、达·芬奇解剖尸体

意大利文艺复兴时期的著名画家达·芬奇摆脱了神学偏见,从事观察和实验,开展了多方面的研究。起初,他出于艺术需要,研究了光学定律、眼睛构造、人体解剖的细节以及鸟雀的飞翔。他不顾当时的传统,亲自解剖尸体,绘制了精确的解剖图,提出人体运动是骨骼和肌肉的作用。他以牛心为材料,指出心脏分左右心房和左右心室,并正确记述了房室间有尖瓣,心室与动脉间有半月瓣。他抛弃了加伦关于血管起始于肝脏的见解,认为一切血管均起始于心脏。他比较了动物与人体的结构,指出同源现象,对进化思想也有一定贡献。

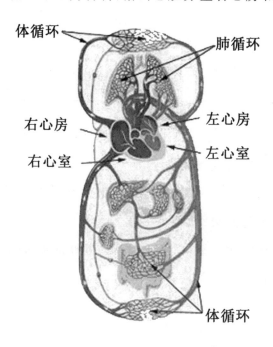

人体血液循环图

二、维萨里推翻旧论

比利时解剖学家维萨里通过解剖大量人的尸体,发现加伦基于猴体解剖的人体解剖描述有不少的错误。1543年,他的解剖学巨著《人体构造》出版,震惊了整个科学界和宗教界。1555年,他在该书的再版本中更明确指出心脏的膈膜和心脏其他部分一样,都是厚实致密的,血液不可能从右心室通过隔膜流入左心室。与此同时,西班牙的宗教改革者和医生塞尔韦图斯于1553年出版了《基督教的复兴》一书,在讨论神圣精神的同时也谈及人体构造与功能。他摒弃了加伦有关血液运行的观点,提出了肺循环的推测。以后,维萨里的助手与继承者哥伦布用观察和实验方法证明了肺循环的存在。

三、哈维建立血液循环学说

文艺复兴时期生物学上最重要的成就是英国医生、生理学家哈维建立的血液循环学说。哈维根据他对几十种动物所做的实验与观察,首次认识到血液并非在静脉内涨落,而是从心脏通过动脉流向各种组织,再经静脉流回心脏的一种闭路循环。1628年,他出版《动物心血运动的研究》一书,阐明血液在体内不断循环的新概念,指出心脏是主动收缩、被动舒张的;血液从心脏经动脉流向全身,是由于心脏收缩的机械力而不是缓慢的渗透过程。哈维首先把物理学的概念和数学方法引入生物学中,并坚持用观察和实验代替主观的推测,使他被公认为近代实验生物学的创始人。

名句箴言

各种蠢事，在每天阅读书的影响下，仿佛在火上一样，渐渐溶化。

——雨果

显微镜的发明与应用

17世纪显微镜的发明，揭示了动植物的微细结构与微生物世界，促进了组织学、细胞学、微生物学的发展。

1609年，伽利略根据望远镜倒视有放大物体的效应制成一台复合显微镜，并对昆虫进行了观察。英国物理学家R.胡克于1665年用自制的复合显微镜观察软木薄片，发现有许多蜂窝状小空室并称之为细胞。这个名词一直沿用至今。他还对鱼鳞、蜜蜂螯针、家蚕卵、家蝇的头和足以及跳蚤等进行了精细的描绘。

意大利解剖学家马尔皮基开创了动物与植物的显微镜下解剖工作。1660年他通过向蛙肺动脉注水的方法，发现有连接动脉与静脉的毛细血管，证实了哈维未能观察到的由毛细血管连接动、静脉的血液循环。他描述了肝脏的微细结构，舌的乳头突，大脑皮层，以及用他名字命名的肾小体和皮肤微细结构等。他对家蚕进行了显微解剖，发现同样具有复杂的微细结构。他对不同的植物进行了比较研究，系统地描述了植物各部分的结构，指出单子叶植物与双子叶植物间的区别，以及虫瘿是由昆虫引起等。并且提出植物的各部分是由"小囊"组成的。他在植物解剖方面的许多精确绘图未能为当时的植物学家所理解，直到19世纪才被重新认识。

英国植物学家格鲁在显微镜下发现植物叶面有气孔，它们可使植物体内的水分蒸发并吸入空气。他发现植物的组织是由多孔的小胞所组成，但他经常描述的只是小胞的壁。他认识到花是植物的生殖器官，可区分为萼、花冠、雄蕊与雌蕊，并指出雌蕊、雄蕊和花粉分别相当于雌性器官和雄性器官，而且植物一般是雌雄同体的。

荷兰显微镜学家列文虎克自制了许多性能优良的显微

镜,最高的放大倍数达 270 倍。他通过大量细微的观察,解释并完善了 M.马尔皮基提出的关于毛细血管系统的知识,证明动脉与静脉分别和毛细血管直接相连。他发现人和哺乳类的红细胞是无核的,而鸟类、两栖类、鱼类的红细胞是有核的;发现了人的精子,并研究了各种动物特别是鱼和蛙的受精作用;还发现了许多小的水生生物,如轮虫、水螅、纤毛虫等。还在 19 世纪显微镜改进之前,他首先看到并记述了细菌,实属难得。

荷兰显微镜学家 J.斯瓦默丹对不同类型的昆虫发育做了许多研究。他的著作《昆虫志》《蜉蝣的生活》中有许多出色的显微解剖图,如昆虫的神经节,气管系统等。他去世几十年后出版的《自然的圣经》是当时显微镜观察的最好著作,其中对蜜蜂内部器官、蚊子、蜻蜓发育的描述,都非常精确。

但由于复合显微镜的色差问题,使这方面的工作在其后的 100 多年内没有多大进展。

名句箴言

勇敢和必胜的信念常使战斗以胜利结束。

——恩格斯

近代生物学的巨大发展

19世纪，生物学取得了飞速的进展和巨大的成就：动物、植物间相似性与亲缘关系的揭示；形态学、比较解剖学、胚胎学、古生物学都得到较大的发展。

一、胚胎学的起源

亚里士多德认为胚胎发育或是预

先形成、或是从无结构状态分化而成,但他更倾向于卵是未分化的物质,受精后才开始形成器官。这是关于胚胎发育的先成论与后成论的最早起源。

W.哈维对鸡胚、鹿胚发育做了许多研究,于1651年出版《动物的生殖》一书。17世纪后叶,马尔皮基对鸡胚早期发育做了详细描述,但他认为心脏是一开始就有的,40小时后才开始跳动。他还观察过一枚产下两天未经孵化的鸡蛋,发现已能看到鸡胚的外形。斯瓦默丹在研究蛙卵发育和昆虫变态时,发现蛹内有蝶类成虫,蛹又来自幼虫和卵,因此认为在卵内就有隐蔽着的微小成体,由此主张先成论。法国哲学家马勒布朗什进一步发展这种观点,认为预成胚胎中存在着更微小的成体,就像一个套一个的盒子,以致在夏娃的卵内已经套装着所有的人体,称为套装学说。1677年荷兰的列文虎克用显微镜发现精子。哈尔措克描绘了自称用显微镜看到的含有小人的精子。他们主张一切生命起源于精子。因此,先成论又以卵原论及精原论两种形式出现,直到18世纪仍占统治地位。如瑞士著名解剖生理学家哈勒等都坚持先成论看法,这与当时显微镜学家反对亚里士多德提出的自然发生说有关,而且他们的机械论观点也受到当时哲学上的机械学派的支持。

18世纪后叶,德国胚胎学家沃尔夫证明植物的叶、茎、根等,是由植物的生长点分化发育成的,鸡血管与肠道的形成也有一个过程,不是一开始就存在的。他主张后成论反对哈勒的先成论观点,但是由于先成论占很大优势,他的工作直到19世纪才被承认。

19世纪早期,俄国胚胎学家潘德尔研究鸡胚发育,证明各种器官都是由原始胚层形成的。随后,俄国胚胎学家贝尔肯定了潘德尔的观点,进一步提出动物胚胎发育过程中出现4个胚层,以后形成各种器官。贝尔通过他的工作彻底否定了预成微小个体的先成论观点。他还发现了哺乳动物的卵;发现脊椎动物在胚胎发育过程中曾出现过脊索;提出高等动物的胚胎与低等动物并不相似,但高等动物的胚胎与低等动物的胚胎在发育的早期彼此却很相似。由于贝尔的出色工作,使他被公认为近代胚胎学的奠基人。

19世纪后期实验胚胎学遂逐步兴起。德国生物学家鲁在1888年用热针刺死蛙卵的两个分裂球中的一个,剩下一个发育成半个胚胎。他认为卵子的各部分已预定为某些器官,是不能改变的,因此支持先成论。但这个实验为德国生物学家德里施所否定。1891年德里施发表了海胆卵的实验,他将两细胞时期的卵依分裂面分开,每个分裂球都能发育为完整的、体形较小的幼体。他认为卵子中形成器官的物质可经调整而改变,并假定卵内存在控制卵调整和发育的活力。以后,随着胚胎学的研究进展及卵母细胞发育过程中轴和极性的发现,在某种意义上使先成论与后成论在新的高度实现了综合。

二、植物生理学的兴起

1691 年,德国植物学家卡梅拉里乌斯发现雌性桑树及移植的一年生山靛在附近没有雄树情况下不能产生种子。1694 年他根据详细观察和移去雄花实验,证明花蕊是植物的雄性器官,子房与花柱是雌性器官。德国植物学家克尔罗伊特于 1761～1766 年认识到昆虫对传粉的重要作用,他用实验证明当用同种花粉与异种花粉同时向一种植物的柱头传粉时,一般只有前者能起受精作用。1793 年德国的施普伦格尔指出由于许多花是雌雄异株的,雌雄同株的花也很可能是雌雄异熟的,因而植物界存在同种不同花之间或同种不同个体之间的杂交。

1830 年意大利天文学家、显微镜制造者阿米奇观察到花粉管进入子房并进入胚珠的珠孔。1879 年德国植物细胞学家施特拉斯布格确定花粉粒中通常有二核结构,并且他的学生还看到了 3 个核。施特拉斯布格描述了胚囊发育与精卵结合,但不了解另一精子的去向。直到 1898 年俄国植物学家纳瓦申发现被子植物双受精现象,才揭示了受精的全过程。

18 世纪前叶一些学者在隐花植物中寻找与被子植物相

似的两性器官。他们发现藓类的精子器和颈卵器相当于被子植物的雄蕊和子房。以后瑞士植物学家内格利于 1844 年发现蕨类原叶体上的相应结构。德国植物学家霍夫迈斯特于 1849 年确定了游动精子与颈卵器内卵细胞的受精，指出藓类和蕨类的生长发育为有性生殖所中断，成为一种世代交替。这在具有维管束的隐花植物内发生于萌发后不久，而在藓类内则晚得多。1855 年德国植物学家 N. 普林斯海姆首先在一种最普通的藻类中观察到受精的具体过程。

三、动物生理学研究

法国生理学家比夏从解剖学、生理学的角度考虑不同结构对有机体功能的重要性，提出有机体由 21 种组织构成，但他轻视显微镜的观察结果。法国生理学家马让迪继比夏之后也承认"生命力"。在其科学生涯中，他既利用物理学来类比生物活动，又告诫人们不要过分寻求用支配无机界的定律去解释一切生命活动。他肯定英国贝尔提出的两种神经根具有不同功能的观点，证明脊髓神经的前根向外传导运动冲动，而后根则从周缘传递感觉至中枢神经系统。他还通过对毒药和催吐剂的研究开辟了实验药理学的新领域。

法国生理学家贝尔纳是马让迪的学生。他在消化生理、糖代谢、交感神经作用、病理生理学等方面充分利用物理学和化学的技术,开展许多工作。他虽然不是活力论者,但他反对当时德国人的还原论倾向,否认一切有机过程可以还原为物理—化学定律。

瑞士生理学家哈勒通过实验并应用动力学原理,以解剖学和生理学相结合,研究各种器官及器官系统的形态和功能。特别是肌肉的"应激性"和神经的"感受性"。德国生理学家弥勒克服了当时盛行的自然哲学的影响,开创了德国生理学实验研究的新时代。他发现了"特殊性神经能力律",即刺激神经的反应,取决于受刺激的有机物质的特性,而不在于刺激的性质。他还设计一些实验,用直流电在蛙腿的离体神经肌肉上测定引起肌肉收缩的条件,成为电生理研究的最初进展之一。他用简单实验肯定了贝尔—马让迪定律,并通过切断蛙神经后根与前根的实验,发现导致失去知觉或肢体麻痹的不同结果。弥勒的《人体生理学手册》是哈维以来的生理学巨著,不仅包括他的许多研究成果,而且首先在生理学上综合了比较解剖学、化学、物理学的成就。他还培养了一批像施旺、亨勒、菲尔肖、海克尔、亥姆霍兹和杜布瓦—雷蒙等著名科学家。但他本人始终是一位活力论者,对生理学的许多解释中仍有"活力"的概念。

弥勒以后德国生理学的研究,出现了以物理、化学定律来阐明生命现象的趋势和哲学上还原论的倾向。施旺于1835年进行的肌肉实验,主要是对生理现象进行了物理测量,这是对活力概念的直接挑战。1839年他在细胞的学说论述中也强调细胞形成过程与无机界晶体形成过程的某种相似性。1847年,4位德国生理学家路德维希、亥姆霍兹、布吕克、杜布瓦－雷蒙相聚,一致表示应在化学－物理学基础上建立生理学。到19世纪70年代,除杜布瓦－雷蒙继续电生理学研究外,亥姆雷兹已放弃生物物理学与生理学的研究,转而研究物理学,其他两人则主要从事一般生理学的研究。他们的学生却继续致力于经典生理学有重要意义的两个生物物理学领域的研究:用力学和热力学方法研究肌肉收缩和用电学方法研究神经冲动。然而,他们的反活力论立场,以及在生理学研究中提倡用物理、化学技术的实验方法确为推动实验生理学的发展做出了贡献。

另一方面,通过李比希、贝尔纳、巴斯德等人工作的推动,以及沃勒、弗兰克兰等在有机化学方面的工作,又发展了生理化学,这主要是用化学分析方法了解生命过程中各种物质的化学本质和作用。对蛋白质的研究较早,在19世纪30年代末已为其定名。19世纪60年代前后蛋白质已被认为是在生命过程中起重要作用的物质。其组成单位氨基酸,到19世纪末已有12种被分离并测定。以上许多工作都为生物化学的发展奠定了基础。

四、自然发生说的否定

从古希腊到 19 世纪中叶，在生命起源问题上流传时间
最长、影响最大的是自然发生说。17 世纪哈维提出一切有机
体都来自卵。1668 年意大利宫廷医生佛罗伦萨实验科学院
成员雷迪用实验证明腐肉生蛆是蝇类产卵的结果，首先对自
然发生说提出异议。虽然，列文虎克在 1674 年发现了微生
物，但对微生物的进一步的研究受到许多条件的限制，微生
物可以自然发生的信念反而活跃起来，并于 18、19 世纪达到
了顶峰。1745 年英国天主教神父、显微镜学家尼达姆用各种
浸泡液经消毒后，仍有微生物发生，而坚持自然发生说，他由
于受到法国博物学家布丰的支持，曾在科学界轰动一时。
1775 年意大利生理学家 L. 斯帕兰扎尼通过一系列实验，证
明尼达姆实验结果是由于加热不够和封盖不严所造成，因而
确信微生物是从空气带入的。他的观点在当时已接近胜利。
但他的批评者宣称，由于他使浸出液在密闭管内煮沸了 45
分钟，杀死了管内空气中的"活力"，因而影响了自然发生。
同时，法国化学家盖·吕萨克证明发酵和腐烂都必需氧，也
使反对意见得到支持，使斯帕兰扎尼的观点未能取胜。1837
年施旺改进了斯帕兰扎尼的实验，通入事前经过加热或"焙
烧"的空气，并以青蛙仍能在其中生活，证明并未影响"活力"

的存在。但施旺的实验由于存在某些技术问题,结果并不稳定。其后一些学者采取措施消除空气中的微生物,但也未能保证实验取得成功。因而仍有利于自然发生的观点。

1859 年法国博物学家、巴黎科学院通讯院士普歇发表"异源发生论或自然发生论"的论文与法国微生物学家巴斯德间又展开类似的争论。普歇认为在具备有机物、水、空气和适当温度的条件下自然发生能被促进,并设计实验企图证明他的观点。巴斯德根据他从事发酵工作的经验,认为"酵素"实际是生命有机体,并确信空气中的微生物也来自酵素。1860~1861 年 L.巴斯德用火棉及 S 形长颈瓶进行实验,证明空气中的尘埃携带着各种微生物;而且随着场所和高度的不同,空气中微生物的含量也不一样。他在高山上做实验,由于高山上空气新鲜,微生物及孢子少,所以酵母浸液受污染的机会也少。1863 年普歇在西班牙做了类似的试验,得到与巴斯德相反的结果。于是引起了论战。1864 年法国科学院安排论战双方做实验,巴斯德做完上述实验后,普歇就宣布退出争论,未做实验。1876 年英国巴斯特兰作为自然发生说的支持者,就微生物能否在中性或碱性尿液内自然发生与巴斯德展开争论。巴斯德重复了他的实验,认为它只证明某些低等芽孢在中性或微碱性培养基内能抗 100℃高温。1877 年巴斯德又提出巴斯特兰的容器可能已受污染。以后通过科赫、廷德尔等的工作,表明确实存在着一种高度抗热的细菌内生孢子,某些微生物也能在 100℃ 酸性培养基内存活。而且尽管对实验容器预先消毒,在某些溶液内仍有微生物出现。巴斯德这才充分认识到在普歇及巴斯特兰等自然发生说的支持者所用的溶液内,有时可能一开始就有这样的微生物存在,而非由于实验技术操作不慎所致。以后巴斯德提出外科医生更多注意的是消灭器具或手上的微生物,而不是空气中的。1879 年钱伯兰证明,消灭液体内的抗热微生物至少要 115℃,而消灭干燥表面的则要 180℃。1897 年 E.毕希纳证实无细胞酵母提取液可使糖发酵产生酒精,驳斥了巴斯德关于酵素是生命有机体的观点。但这并不影响巴斯德在否定自然发生说中的重要地位。

五、微生物学的开端

19 世纪 30 年代,法国生理学家拉图尔于 1836 年和施旺于 1837 年分别报道了酒精发酵与酵母有关。1857 年 L.巴斯德在关于乳酸发酵的报告中指出,除了啤酒酵母之外,在糖变成乳酸的过程中,还有乳酸酵母在起作用。他对发酵所必需的化学物质和发酵产物的化学成分也作了较详细的分析。1865～1870 年,巴斯德发现蚕病有两种,即蚕微粒子病和软化病,并通过选用健康蚕蛾的卵以及防止病原感染等措施保证了蚕丝生产。德国细菌学家科赫于 1876 年已揭示炭疽病杆状弧菌的生活史,确定它有一内生孢子期,指出了传病途径,并首先证明这是由细菌感染引起的疾病。1878 年,巴斯德检验因炭疽病致死动物不同时间的血液,发现随着时间的延长,血液内的杆菌逐渐为败血弧菌所代替,从而说明了死后二三天的病畜血液内没有杆菌的原因。由此澄清了关于炭疽病争论中的一些问题。1878~1879 年,巴斯德发现经连续培养可减低鸡霍乱病菌毒性,使鸡得病而不死亡,由此试制鸡霍乱疫苗获得成功。1880 年,他转向研究炭疽病疫苗,以后又研究猪丹毒疫苗,均获成功。1881~1884 年,巴斯德研究狂犬病疫苗,并于 1885 年 7 月救活一名 9 岁的男孩。

英国外科医生利斯特受到巴斯德工作的启发,联系到外科手术中的感染问题。于 1867 年发现用石炭酸作消毒剂可大量减少手术后的败血症,使病人死亡率明显降低。1882 年 3 月科赫在柏林生理学会作题为《论结核病》的报告,指出结核杆菌是当时发生普遍、危害严重的肺结核病的根源。1883 年,科赫受命去埃及研究霍乱,后又去印度继续研究,分离并鉴定了霍乱病菌。1884 年,他成功地找到霍乱交叉感染的途径及隐患,找到有效控制霍乱的方法。科赫还不断改进对细菌的染色法和培养法,这对以后发现各种病原菌起了很大作用。

19 世纪后期,在巴斯德、科赫等工作的基础上,对免疫机制的研究形成了两个学派。俄国动物学家、免疫学家梅契尼科夫在研究炎症时发现微生物在血细胞内被消耗的现象,认为血细胞具有保护有机体防止感染性物质侵袭的作用,提出细胞吞噬理论。科赫则主张体液论,认为免疫依赖于血液和体液中诱导出来的某些因子,为以后免疫学说的发展提出了重要的依据。1892 年,俄国微生物学家伊万诺夫斯基发现烟叶可被能通过滤器过滤的花叶病汁所感染。1897 年,德国细菌学家勒夫勒证明引起牲畜口蹄疫的也是一种可通过滤器过滤的病毒。这是揭开非细胞微生物——病毒奥秘的开端。

六、细胞学说的建立

19 世纪 20~30 年代,有些学者提出"小球"可能是植物或动植物的基本结构。其中法国生理学家迪特罗谢曾明确指出所有动植物的组织和器官都由小球构成。但是他所指的小球比较含糊,有时是细胞,有时是细胞核,也有时甚至是早期显微镜缺陷所造成的衍射圈。与此同时,有些学者开始采用消色差显微镜。1831 年,英国植物学家布朗在兰科植物叶片表皮细胞中发现了细胞核。1835~1837 年,捷克生物学家浦肯野及其学生瓦伦廷对构成动物某些组织的"小球"进行描述,并提到与植物细胞有相似性。

1838 年德国植物学家施莱登发表《植物发生论》,提出只有最低等的植物,如某些藻类和真菌是由一个单细胞组成的。高等植物则是各具特色的、独立的单体即细胞的集合体;因而认为细胞是组成植物的基本生命单位。

德国动物学家施旺于 1837 年 10 月,获悉施莱登的研究成果而受到启发,认识到从细胞核入手对论证植物细胞与动物细胞的一致性有重要意义。他于 1839 年出版《动植物的结构和生长一致性的显微研究》,提出了细胞学说。他把动物的永久性组织分为 5 类,分别研究了血细胞,指甲、腱、骨、齿、肌肉、神经等,证明它们都是有核的细胞或是细胞分化的产物。他接受施莱登的观点,并发展为细胞可由细胞内或细胞间的一种无结构物质即细胞形成质产生。他根据研究结果提出一切动物和植物都是由细胞组成的,有机体的各种基本组成都有一个共同的发育原则,即细胞形成的原则,并认为细胞是生命的基本单位。

七、进化论的确立

英国医生、哲学家 E. 达尔文是 C. R. 达尔文的祖父。曾受布丰进化思想的影响。他认为人工饲养、气候、杂交等原因可使动物发生变异,而且这种变异是可以遗传的。法国生物学家拉马克认为对各个动、植物的研究虽是必要的,但为了探讨作为一个整体的生命世界的共同法则,一定要对动物和植物进行统一的研究。他早期研究植物时,相信林奈的物种不变说。18 世纪 90 年代后期,通过软体动物化石及与近代种类的比较研究,发现彼此间的相似性,才使他相信存在着许多种系列,在整个历史时期内,经历着缓慢的渐变。他于 1800 年开始持有这种进化观点,并在 1809 年出版的《动物哲学》一书中对有关进化的问题进行了全面系统的讨论。

19 世纪前期,自然神学在英国学术界有很大影响,英国比较解剖学家欧文就持这类观点。他是居维叶的学生,也是拉马克进化论的反对者,在英国学术界很有影响。英国地质学家莱尔反对灾变论,是"均变说"的积极拥护者。但他在《地质学原理》第二卷讨论到动物变异等问题时,对拉马克学说进行了尖锐批评,他的著作对 C. R. 达尔文及其进化论的传播虽有重要影响,但他本人在较长时间内也是反对进化论观点的。1844 年英国博物学家 R. 钱伯斯以化名出版了《自然创造史的痕迹》,书中大胆表明进化观点,曾轰动一时,成为畅销书。总之,在 C. R. 达尔文的《物种起源》出版之前,在英国接受进化思想的人极少。

C. R. 达尔文于 1831 年,参加"贝格尔"号舰的环球航行,在 5 年航海生活中他观察到大量的现象,收集到丰富的材料。1837 年 3 月,当他从鸟类学家古尔德处获悉,在加拉帕戈斯群岛的 3 个岛屿上采集到的地雀,确有种的差异时,使他终于认识到地理因素引起物种形成的过程,从而彻底否定了物种不变的观念。1837 年 7 月他开始就物种变异问题进行写作,根据他的亲自观察和阅读过的大量书刊,使他相信自然界的一切变化都是逐渐的而不是突然发生的。1838年10月当他阅读马尔萨斯的《人口论》时,使他体会到在动、植物界到处进行着生存斗争,在这样的环境条件下有利的变异将被保存,不利的变异将被消灭。其结果就是新种的形成。因而得出了自然选择的理论。1842年6月达尔文用铅笔写出了这种观点的摘要,共35页;1844年夏季,又把它扩充到300页。但这仅是一个手稿,且只有很少人知道。

1855年英国博物学家华莱士发表了一篇题为"制约新种出现的规律"的短文,它并未引起重视。直到1858年华莱士寄去请求发表的论文——"论变种无限地离开其原始模式的倾向",才使达尔文感到震惊,促使他加快了《物种起源》的写作。

华莱士曾先后去过亚马孙河及马来群岛考察,并受莱尔和达尔文著作的启发,研究物种起源并独立地得出了生物通过自然选择而形成新种的概念。与达尔文不同的是他更多依据动物地理分布的材料,指出一个物种种群的大小,毫不取决于生殖力,而取决于对潜在的种群增长的自然控制。华莱士强调个体的变异,即种群内的各个个体并不具有完全相同的特性。一个物种如产生出一优良的变种,它在数量上也必占优势。在莱尔和胡克的建议下,达尔文和华莱士的联合论文于1858年7月1日在伦敦林奈学会上宣读,并于8月

20 日发表于林奈学会会刊上。

从 1858 年起到 1859 年 3 月,达尔文完成了《物种起源》一书的写作。鉴于英国当时接受进化思想的人很少,他预见到该书的出版一定会引起激烈的争论,因此,他把样书分送给莱尔、胡克、赫胥黎及格雷以争取他们的支持。1859 年 11 月 24 日《物种起源》出版,当天即被抢购一空。同时,《物种起源》也遭到了学术界、宗教界等方面的强烈反对,甚至恶毒诽谤。但是《物种起源》也受到英国和其他国家一些学者的积极支持,像英国的赫胥黎、德国的海克尔等,都为达尔文进化论的传播做出了重要贡献。

八、遗传规律的发现

奥地利布隆修道院修道士孟德尔对植物杂交和遗传现象很感兴趣,仔细阅读过前人的工作,包括格特纳的著作。他于 1856 年开始从事豌豆杂交试验,由于受翁格尔关于研究变种是解决物种起源的关键这一思想的影响,他采用了种群分析法,而不是研究单个个体。他选择了豌豆品种这一理想材料作为研究对象,又把工作限于彼此间差异十分明显的单个性状的遗传过程,而使实验结果大大便于统计分析。经过 8 年研究,孟德尔于 1865 年 2 月 8 日和 3 月 8 日两次在布隆自然科学协会上报告了他的实验研究结果。反映实验结果的论文《植物杂交的试验》发表在 1866 年《布隆自然科学协会会刊》第 4 卷上。他的主要结果可概括为：

①分离规律。杂交第一代通过自花授粉所产生的杂种第二代中，表现显性性状与表现隐性性状个体的比例约为 3：1；

②自由组合规律。形成有两对以上相对性状的杂种时，各相对性状之间发生自由组合。孟德尔为解释这些结果，提出一些假设。如遗传性状由遗传因子所决定；每一植株含有许多成对的遗传因子；每对遗传因子中，一个来自父本雄性生殖细胞，一个来自母体雌性生殖细胞；当形成生殖细胞时，每对遗传因子互相分开，分别进入一个生殖细胞等等。刊载孟德尔这一突破性的重大研究成果的布隆自然科学协会会刊曾被分送到 120 个单位，在欧洲很多图书馆内都可找到这篇论文。孟德尔本人还把论文寄给当时植物学界的权威人士内格利。但他的成就对他同时代的生物学家和有关遗传的研究没有产生影响，被埋没了 35 年之后，直到 1900 年才被重新发现。

与孟德尔同时代的 C. R. 达尔文在 1868 年出版的《动物和植物在家养下的变异》一书中，提出"泛生论"的暂定假说，说明他并未看到孟德尔的论文。达尔文设想体内的各类细胞中，均具有代表其自身的胚芽。杂种内的镶嵌特征是亲本胚芽混合所致。但是达尔文的这一假说很快就被其表弟高尔顿的输血实验所推翻。

1884 年内格利根据受精卵内卵子原生质多于精子原生质但并不体现出更多遗传性状的事实,推测有两种原生质。一种称种质。它在卵细胞和精子细胞内是等量的,控制个体发育和系统发育,是遗传性状的携带者和变异的决定者;另一种为营养质大量贮存在卵内,主要起营养作用。内格利的上述观点,对施特拉斯布格、赫特维希、克利克、魏斯曼等后来提出核物质是遗传性状的载体,影响很大。

在自然哲学原型思想的影响下,随着显微镜的改进,19 世纪 30 年代末,施莱登与施旺建立了细胞学说,提出细胞是构成动、植物的基本结构与功能单位,并具有共同的形成规律,大大促进了细胞学和胚胎学的发展。1859 年,达尔文进化论的建立,对生物学及其他有关学科的发展产生了重大影响。19 世纪中后叶,物理、化学和一些数学的知识和研究方法,逐渐渗入生物学的研究领域,使生物学特别是生理学向着较深的层次发展。

总之,19 世纪生物学的巨大成就是 20 世纪生物学的深入发展的先导。

当代生物学

名句箴言

空谈之类，是谈不久，也谈不出什么来的，它始终被事实的镜子照出原形，拖出尾巴而去。

——鲁迅

植物的光合作用

20世纪，很多科学家运用物理学和化学对光合作用进行深入探讨。1905年英国植物学家布莱克曼提出光合作用包括需要光照的"光反应"和不需光照的"暗反应"两个过程，二者相互依赖，光反应时吸收的能量，供给暗反应时合成含高能量的多糖等的需要。20年代，瓦尔堡进一步提出在光反应中不是温度而是光的强度起作用。1929~1931年荷兰微生物学家范尼尔通过比较生化研究,发现光合硫细菌与绿色植物一样,也进行光合作用。德国化学家维尔施泰特经过了8年的努力,于1913年阐明了叶绿素的化学组成。虽然光合作用的部位早就被认为是叶绿体,但真正用实验加以证实则在20世纪30年代末40年代初。英国植物生理学家希尔用离体叶绿体做实验,测到放氧反应,这是绿色植物进行光合作用的标志。1954~1955年,美国生物化学家阿尔农美国微生物学家艾伦又证明离体叶绿体不仅能放氧,而且也能同化二氧化碳。这也就证实了叶绿体确是光合作用的部位。

美国伯克利加州大学的卡尔文、本森、巴沙姆等,利用劳伦斯实验室制备的同位素的和其他新的生化技术,花了10年的时间于50年代中期阐明了"光合碳循环",或称"卡尔文循环"的过程。他们证明,在叶绿体内一种五碳糖起了二氧化碳接收器的作用经过一系列的酶促反应,不断地循环同化二氧化碳,形成一个一个的六碳糖,再聚合成蔗糖或淀粉。

光合磷酸化是光合作用中的重要的能量传递过程。1954年阿尔农在用菠菜叶绿体研究二氧化碳同化的同时,发现叶绿素受光的激发产生电子,在传递过程中与磷酸化偶联,产生ATP,电子仍回到叶绿素分子上,继续上述过程,这一过程被称为循环光合磷酸化。1957年阿尔农等又发现另一类型的光合磷酸化。在这个过程中,光使叶绿素从水中得到电子,电子传递过程中与希尔反应偶联,还原辅酶,放氧,同时产生 ATP,这一过程称为非循环光合磷酸化。

进入 20 世纪 80 年代,光合反应中心的结构研究取得了重要突破,1982 年联邦德国生化学家 H. 米舍尔成功地分离提取出生物膜上的色素复合体,即光合反应中心。以后德国的蛋白质晶体结构分析专家休伯和戴维森,经过 4 年的努力,用 X 射线衍射分析的方法,测定出这个复合体的复杂的蛋白质结构。这一成果在光合作用研究上是一个飞跃,有力地促进了太阳光能转变为植物能的瞬间变化原理的研究。

名句箴言

信仰，是人们所必须的。什么也不信的人不会有幸福。

——雨果

病毒学的建立和噬菌体的发现

在19世纪巴斯德、科赫奠定的基础上，20世纪不断发现新的病原微生物而且研制了许多卓有成效的治疗药物。工业微生物学也从制酒、做面包发展到利用细菌来产生维生素、氨基酸、甚至还可以利用细菌冶金；但20世纪对生物学产生巨大影响的主要是病毒和噬菌体的研究。

一、病毒学的建立

病毒学是 20 世纪中叶才独立的一个微生物学的分支学科。1892 年伊万诺夫斯基发现过滤性烟草花叶病的致病因素后，过滤性病毒名称逐渐被广泛采用。1898 年荷兰微生物学家拜耶林克根据多年对烟草花叶病毒的研究指出：既然烟草花叶病的致病因素极易过滤，而且能在被感染的植物组织中增殖，因此可以肯定这种物质不可能是毒素，很可能是一种具有复制能力的，较低分子量的分子。因为病毒只能在活组织中生长繁殖，所以寻找适用的活组织培养方法成为 20 世纪病毒研究的一项重要任务。1931 年，美国病毒学家古德帕斯丘和伍德罗夫提出用鸡胚做活组织来培养病毒，大大促进了病毒的研究。20 世纪 50 年代以后，陆续建立起研究病毒的定量技术。

1935 年美国生物化学家斯坦利第一个取得病毒的结晶——烟草花叶病毒的结晶。纯病毒的取得促进了对病毒结构的研究。20 世纪 40 年代，借助电子显微镜的观察和化学分析，才认识到病毒是由核酸和构成外壳的蛋白质组成。50 年代，随着分子生物学的进展，一些病毒的分子结构才得到了阐明。20 世纪对如脊髓灰质炎、肝炎病毒，特别是乙型肝炎病毒等进行了大量的研究，分别于 50 和 80 年代取得了防疫疫苗。对肿瘤病毒的研究也取得明显效果。随着这些工作的进展,对病毒的认识得以大为深化。

二、噬菌体的发现和研究

噬菌体是一种以细菌为宿主的、比正常病毒还要小的病毒。从 1915 年第一篇关于噬菌体的文章出现至今的 90 多年历史中噬菌体已在分子生物学的舞台上起了重要的作用。1915 年,英国微生物学家特沃特发表了一篇不引人注目的文章,题为"超显微病毒本质的研究",文章描述了一个新奇的现象:通过具有细小孔径的陶瓷过滤板的稀滤液,只要有一滴落到试管内的琼脂上,就可以使琼脂上的球菌菌落变为透明。特沃特后来在讨论这一现象时认为有 3 种可能:①球菌生活史中,有一个阶段不能在正常培养条件下生长;②球菌分泌一种酶,导致它自身的毁灭;③有一种超显微病毒,能使球菌发生

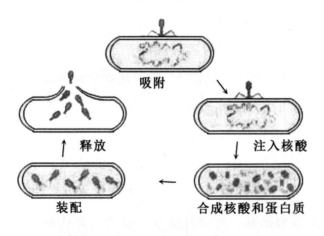

吸附

释放

注入核酸

装配

合成核酸和蛋白质

噬菌体的增殖

急性"传染病"。由于第一次世界大战的影响,研究未能继续进行。1917 年,法国医官埃雷尔提出有一种看不见的微生物能与痢疾杆菌发生抵抗作用。他认为这是一种捕食杆菌的微生物,并命名为噬菌体。

这种细菌溶菌现象的本质,从 20 世纪 20 年代到 30 年代始终是一个争论的问题。包括著名的比利时免疫学家 J.博尔代在内的许多微生物学家认为这是由于细菌突变引起的一种酶的过量生产,使细菌发生传染性自溶现象。他们未认清噬菌体的两个不同生活阶段,即在细菌外的完整形态结构阶段和在细菌内的增殖阶段。他们也不承认噬菌体是一种有遗传性的物质实体。这实际上是对于是否存在着介于生命体和无生命体之间的物质这一老问题的新争论。恰恰是噬菌体这样一种生物的地位和性质,成为分子遗传学研究的极好材料,著名的果蝇遗传学家马勒曾在 1921 年底预言:"德埃雷尔的实体如果是基因,则将给我们一个新的角度去解决遗传问题,它们可以过滤,能在一定程度上分

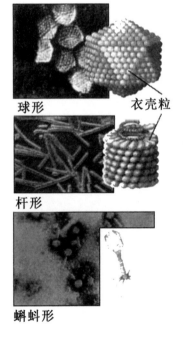

球形　　衣壳粒

杆形

蝌蚪形

病毒的形态

离,能在试管中操作,由它们对细菌的作用而表现出的性质可以研究。但如果把它看作是基因可能是太急了。"1922 年,荷兰的拜耶林克根据当时计算出的噬菌体数量级,认为"噬菌体和蛋白质分子的大小相当。"法国巴斯德研究所的 E. 沃尔曼夫妇起初同意博尔代的看法,后来看到 T. H. 摩尔根和马勒对遗传学的新贡献,也接受了新思想。1925 年,他们提出噬菌体最活跃的要素是含有一种有稳定遗传性的物质,1935 年更明确地定了基因论完全适用于病毒。到 20 世纪 40 年代中期,科学家已测出噬菌体的大小和含有以蛋白质为外壳和以 DNA 为核心的化学本质。这一切都成为噬菌体进入分子生物学的研究领域的基础。

名句箴言

一个人的活动，如果不是被高尚的思想所鼓舞，那它是无益的、小的。

——车尔尼雪夫斯基

分子生物学的建立和发展

一、准备和酝酿阶段

19 世纪后期到 20 世纪 50 年代初，是现代分子生物学诞生的准备和酝酿阶段。在这一阶段产生了两点对生命本质的认识上的重大突破：

1.确定了蛋白质是生命的主要基础物质。

19 世纪末布赫约兄弟证明酵母无细胞提取液能使糖发酵产生酒精,第一次提出酶的名称,酶是生物催化剂。20 世纪 20～40 年代提纯和结晶了一些酶,证明酶的本质是蛋白质。随后陆续发现生命的许多基本现象都与酶和蛋白质相联系,可以用提纯的酶或蛋白质在体外实验中重复出来。在此期间对蛋白质结构的认识也有较大的进步。1902 年埃米尔·菲舍尔证明蛋白质结构是多肽;20 世纪 40 年代末,桑格创立二硝基氟苯法;1953 年桑格和斯姆波逊完成了第一个多肽分子——胰岛素 A 链和 B 链的氨基全序列分析。由于结晶 X－线衍射分析技术的发展,1950 年鲍林提出了 α－角蛋白的 α－螺旋结构模型。所以在这阶段对蛋白质一级结构和空间结构都有了认识。

2.确定了生物遗传的物质基础是 DNA。

虽然 1868 年米歇尔就发现了核素,但是在此后的半个多世纪中并未引起重视。20 世纪 20～30 年代已确认自然界有 DNA 和 RNA 两类核酸,并阐明了核苷酸的组成。由于当时对核苷酸和碱基的定量分析不够精确,得出 DNA 中 A、G、C、T 含量是大致相等的结果,因而曾长期认为 DNA 结构只是"四核苷酸"单位的重复,不具有多样性,不能携带更多的信息,当时对携带遗传信息的候选分子更多的是考虑蛋白质。20 世纪 40 年代以后实验的事实使人们对核酸的功能和结构两方面的认识都有了长足的进步。1944 年艾弗里等证明了肺炎球菌转化因子是 DNA；1952 年赫尔希和蔡斯用 DNA35S 和 32P 分别标记 T2 噬菌体的蛋白质和核酸,感染大肠杆菌的实验进一步证明了是遗传物质。在对 DNA 结构的研究上,1949～1952 年菲布瑞等的 X—线衍射分析阐明了核苷酸并非平面的空间构象,提出了 DNA 是螺旋结构；1948 ～1953 年查哥夫等用新的分析和电泳技术分析组成 DNA 的碱基和核苷酸量,积累了大量的数据,提出了 DNA 碱基组成 A＝T、G＝C 的查哥夫规则,为碱基配对的 DNA 结构认识打下了基础。

二、现代分子生物学的建立和发展阶段

花斑紫茉莉这一阶段是从 20 世纪 50 年代初到 70 年代初,以 1953 年沃森和克里克提出的 DNA 双螺旋结构模型作为现代分子生物学诞生的里程碑开创了分子遗传学基本理论建立和发展的黄金时代。DNA 双螺旋发现的最深刻意义在于：确立了核酸作为信息分子的结构基础；提出了碱基配对是核酸复制、遗传信

白色枝条

绿色枝条　　花斑枝条

花斑紫茉莉

息传递的基本方式；从而最后确定了核酸是遗传的物质基础，为认识核酸与蛋白质的关系及其在生命中的作用打下了最重要的基础。在此期间的主要进展包括：

1.遗传信息传递中心法则的建立。

在发现 DNA 双螺旋结构同时，沃森和克里克就提出 DNA 复制的可能模型。其后在 1956 年科恩贝戈首先发现 DNA 聚合酶；1958 年麦塞尔逊及斯塔勒用同位素标记和超速离心分离实验为 DNA 半保留模型提出了证明；1968 年冈畸提出 DNA 不连续复制模型；1972 年证实了 DNA 复制开始需要 RNA 作为引物；70 年代初获得 DNA 拓扑异构酶，并对真核 DNA 聚合酶特性做了分析研究；这些都逐渐完善了对 DNA 复制机理的认识。

在研究 DNA 复制将遗传信息传给子代的同时，提出了 RNA 在遗传信息传到蛋白质过程中起着中介作用的假说。1958 年韦斯及休韦兹等发现依赖于 DNA 的 RNA 聚合酶；1961 年霍尔和斯皮基门用 RNA 和 DNA 杂交证明 mRNA 与 DNA 序列互补，逐步阐明了 RNA 转录合成的机理。

在此同时认识到蛋白质是接受 RNA 的遗传信息而合成的。20 世纪 50 年代初让姆尼克等在形态学和分离的亚细胞组分实验中已发现微粒体是细胞内蛋白质合成的部位；1957 年霍基德、让姆尼克及斯弗逊等分离出 tRNA 并对它们在合成蛋白质中转运氨基酸的功能提出了假设；1961 年布赫纳及尼伦伯格等观察了在蛋白质合成过程中 mRNA 与核糖体的结合;1965 年霍利首次测出了酵母丙氨酸 tRNA 的一级结构;特别是在 60 年代尼伦伯格、克霍以及霍拉纳等几组科学家的共同努力破译了 RNA 上编码合成蛋白质的遗传密码,随后研究表明这套遗传密码在生物界具有通用性,从而认识了蛋白质翻译合成的基本过程。

上述重要发现共同建立了以中心法则为基础的分子遗传学基本理论体系。1970 年特米和拜狄摩尔又同时从鸡肉瘤病毒颗粒中发现以 RNA 为模板合成 DNA 的反转录酶,又进一步补充和完善了遗传信息传递的中心法则。

2. 对蛋白质结构与功能的进一步认识。1956、1958 年安夫森和怀特根据对酶蛋白的变性和复性实验,提出蛋白质的三维空间结构是由其氨基酸序列来确定的。1958 年易基姆证明正常的血红蛋白与镰刀状细胞溶血症病人的血红蛋白之间,亚基的肽链上仅有一个氨基酸残基的差别,使人们对蛋白质一级结构影响功能有了深刻的印象。与此同时,对蛋白质研究的手段也有改进,1969 年韦伯开始应用 SDS—聚丙烯酰胺凝胶电泳测定蛋白质分子量;20 世纪 60 年代先后分析得血红蛋白、核糖核酸酶 A 等一批蛋白质的一级结构;1973 年氨基酸序列自动测定仪问世。中国科学家在 1965 年人工合成了牛胰岛素;在 1973 年用 1.8AX—线衍射分析法测定了牛胰岛素的空间结构,为认识蛋白质的结构做出了重要贡献。

三、初步认识生命本质并开始改造生命的深入发展阶段

20 世纪 70 年代后,以基因工程技术的出现作为新的里程碑,标志着人类深入认识生命本质并能够改造生命的新时期开始。其间的重大成就包括:

1. 重组 DNA 技术的建立和发展。

分子生物学理论和技术发展的积累使得基因工程技术的出现成为必然。1967~1970 年史密斯发现的限制性核酸内切酶为基因工程提供了有力的工具;1972 年贝格等将 SV－40 病毒 DNA 与噬菌体 P22DNA 在体外重组成功,转化大肠杆菌,使本来在真核细胞中合成的蛋白质能在细菌中合成,打破了种属界限;1977 年波耳等首先将人工合成的生长激素释放抑制因子 14 肽的基因重组入质粒,成功地在大肠杆菌中合成得到这 14 肽;1978 年伊塔库那等使人生长激素 191 肽在大肠杆菌中表达成功;1979 年美国基因技术公司用人工合成的人胰岛素基因重组转入大肠杆菌中合成人胰岛素。至今我国已有人干扰素、人白介素二、人集落刺激因子、重组人乙型肝炎疫苗、基因工程幼畜腹泻疫苗等多种基因工程药物和疫苗进入生产或临床试用,世界上还有几百种基因

工程药物及其他基因工程产品在研制中,成为当今农业和医药业发展的重要方向,将对医学和工农业发展做出新贡献。

钠的来源和去路基因诊断与基因治疗是基因工程在医学领域发展的一个重要方面。1991年美国向一患先天性免疫缺陷病的女孩体内导入重组的 ADA 基因,获得成功。我国也在 1994年用导入人凝血因子Ⅸ基因的方法成功治疗了乙型血友病的患者。在我国用作基因诊断的试剂盒已有近百种之多。

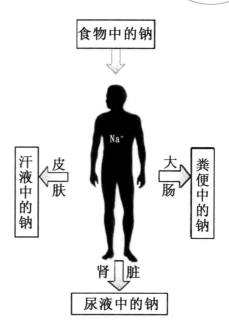

钠的来源和去路

基因诊断和基因治疗正在发展之中。

这时期基因工程的迅速进步得益于许多分子生物学新技术的不断涌现。包括:核酸的化学合成从手工发展到全自动合成,1975～1977 年桑格、伯格和吉尔伯特先后发明了三种 DNA 序列的快速测定法;20 世纪 90 年代全自动核酸序列测定仪的问世;1985 年 Cetus 公司姆林斯等发明的聚合酶链式反应的特定核酸序列扩增技术,更以其高灵敏度和特异性被广泛应用,对分子生物学的发展起到了重大的推动作用。

2.基因组研究的发展。

肾小管和集合管目前分子生物学已经从研究单个基因发展到研究生物整个基因组的结构与功能。1977 年桑格测定了 ΦX174－DNA 全部 5375 个核苷酸的序列;1978 年费尔等测出 SV－40DNA 全部 5224 对碱基序列;20 世纪 80 年代 λ 噬菌体 DNA 全部 48,502 碱基对的序列全部测出;一些小的病毒包括乙型肝炎病毒、艾滋病毒等基因组

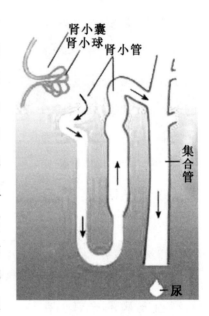

肾小管和集合管

的全序列也陆续被测定;1996 年底许多科学家共同努力测出了大肠杆菌基因组 DNA 的全序列长 4x106 碱基对。测定一个生物基因组核酸的全序列无疑对理解这一生物的生命信息及其功能有极大的意义。1990 年人类基因组计划开始实施,这是生命科学领域有史以来全球性最庞大的研究计划,将在 2005 年时测定出人基因组全部 DNA3x109 碱基对的序列、确定人类约 5～10 万个基因的一级结构,这将使人类能够更好掌握自己的命运。

3.单克隆抗体及基因工程抗体的建立和发展。

自 1975 年首次用 B 淋巴细胞杂交瘤技术制备出单克隆抗体以来,人们利用这一细胞工程技术研制出多种单克隆抗体,为许多疾病的诊断和治疗提供了有效的手段。80 年代以后随着基因工程抗体技术而相继出现的单域抗体、单链抗体、嵌合抗体、重构抗体、双功能抗体等为广泛和有效地应用单克隆抗体提供了广阔的前景。

4.基因表达调控机理。

分子遗传学基本理论建立者雅各布和莫诺最早提出的操纵元学说打开了人类认识基因表达调控的窗口,在分子遗传学基本理论建立的 20 世纪 60 年代,人们主要认识了原核生物基因表达调控的一些规律,70 年代以后才逐渐认识了真核基因组结构和调控的复杂性。1977 年最先发现猴 SV40 病毒和腺病毒中编码蛋白质的基因序列是不连续的,这种基因内部的间隔区在真核基因组中是普遍存在的,揭开了认识真核基因组结构和调控的序幕。1981 年发现四膜虫 rRNA 的自我剪接,从而发现核酶。20 世纪 80～90 年代,使人们逐步认识到真核基因的顺式调控元件与反式转录因子、核酸与蛋白质间的分子识别与相互作用是基因表达调控根本所在。

5.细胞信号转导机理研究成为新的前沿领域。

细胞信号转导机理的研究可以追述至 20 世纪 50 年代。1957 年发现 cAMP、1965 年提出第二信使学说,是人们认识受体介导的细胞信号转导的第一个里程碑。1977年用重组实验证实G蛋白的存在和功能,将G蛋白与腺苷环化酶的作用相联系起来,深化了对G蛋白偶联信号转导途径的认识。70年代中期以后,癌基因和抑癌基因的发现、蛋白酪氨酸激酶的发现及其结构与功能的深入研究、各种受体蛋白基因的克隆和结构功能的探索等,使30年来细胞信号转导的研究更有了长足的进步。目前,对于某些细胞中的一些信号转导途径已经有了初步的认识,尤其是在免疫活性细胞对抗原的识别及其活化信号的传递途径方面和细胞增殖控制方面等都形成了一些基本的概念,当然要达到最终目标还需相当长时间的努力。

以上简要介绍了分子生物学的发展过程,可以看到在近半个世纪中它是生命科学范围发展最为迅速的一个前沿领域,推动着整个生命科学的发展。至今分子生物学仍在迅速发展中,新成果、新技术不断涌现,这也从另一方面说明分子生物学发展还处在初级阶段。分子生物学已建立的基本规律给人们认识生命的本质指出了光明的前景,但分子生物学的历史还短,积累的资料还不够,例如:在地球上千姿万态的生物携带庞大的生命信息,迄今人类所了解的只是极少的一部分,还未认识核酸、蛋白质组成生命的许多基本规律;又如即使到2005年我们已经获得人类基因组DNA3x109bp的全序列,确定了人的5～10万个基因的一级结构,但是要彻底搞清楚这些基因产物的功能、调控、基因间的相互关系和协调，要理解 80％以上不为蛋白质编码的序列的作用等等，都还要经历漫长的研究道路。可以说分子生物学的发展前景光辉灿烂，道路还会艰难曲折。

四、分子生物学发展(20 世纪 90 年代)

1990 年

1.斯坦福大学发布了他们的第 100 个重组 DNA 专利的许可证。在 1991 财务年度以前，两个学校已经从该专利挣得 4000 万美元。

2.干扰素微克－1b 被批准用于慢性的肉芽肿病的治疗。

3.腺嘌呤核苷脱氨基酶被批准用于严重免疫缺陷并发症的治疗。

4.Calgene 公司成功完成了第一个以基因水平设计的棉花作物野外种植试验，该植物被设计成可抵抗除草剂溴苯晴。

5.美国食品和药物管理局准许 Chiron 公司进行 C 型肝炎抗体试验，以帮助确保血库产品的纯净。

6.植物基因表达中心的分子生物学家迈克尔报道:高速基因枪可使玉米稳定变换。

7.伯克利流行病学家玛丽克莱尔全报道:患有乳癌的家族在 45 岁前，与乳癌相关的基因有很高的发病率。

8. GenPharmInternational 公司制培养出第一头转基因奶牛,该种奶牛为婴儿提供具有人奶蛋白质的牛奶。

9. 第一次基因治疗发生在一名患有免疫系统紊乱疾病的 4 岁女孩身上,治疗显示出效果,但是引起了学术界和媒体对伦理道德规范的激烈讨论。

10. 人类基因组工程绘制全部基因的表达谱,在国际上全面开始,预计成本为 130 亿美元。1990 年正式开始人类基因组工程。

11. 迈克尔克赖顿的出版物《新侏罗纪公园》中,通过生物工程制造的恐龙漫步在主题公园里,但实验出现了错误,造成致命的结果。

1991 年

1. 著名的参考作品"人类孟德尔遗传法则"可在计算机网络上即时获得,目录中列出被认为很好地验证了孟德尔遗传法则的 5600 条基因。

2. 加利福尼亚大学贝克来分校的玛丽克莱尔全分析易患基因家族的女性的染色体,发现 17 号染色体上的基因引起乳癌遗传,而且增加患乳腺癌的危险。

1992 年

1. 美国陆军开始收集新兵的血和组织样品,作为"基因身份标志"的一部分,目的是更好地辨别在战斗中被杀士兵的身份。

2.美国和英国的科学家公开了在试管婴儿中找出遗传性变异的技术,如包囊性纤维症和血友病。

1993 年

1.卡瑞·缪勒因发明聚合酶连锁反应的技术而获诺贝尔化学奖。

2.在近 20 年中,Chiron 公司的"干扰素－1b"第一次被批准用于治疗多硬化症。

3.美国食品和药物管理局声称以基因水平设计的食物"并非天生危险",因此不需要特别的规则加以限制。

4.在合并 2 个较小的贸易联盟的基础上建立了生物技术产业组织。

5.乔治·华盛顿大学研究人员克隆出人类胚胎,并且在培养皿中生存了几天。

6.生物工程激起种族学家、政治家和批评家引起的抗议。

7.巴黎人类研究中心由丹尼尔科恩领导的一个研究小组完成人类全部 23 对染色体的粗略图谱。

8.Genentech 公司花费 1000 万美元在全国范围内开展名为"通向卓越之门"的通信网络计划,该计划的目的是促使高中的生物老师成为与专家同样优秀的人才。

1994 年

1.第一个基因工程食品——FlavrSavr 西红柿得到了食品和药物管理局的批准。

2. Genentech 公司被批准用于成长激素缺乏症的治疗。

3. 第一个乳癌基因被发现。

4. BRCA1 基因,早前被认为只存在于稀有家族形式的乳癌中,现在看来在许多非遗传性乳癌中也扮演重要角色。

5. 大批人类基因被识别,并且他们的功能也被确定。这些基因包括:A. Ob,易肥胖基因,B. BCR,乳癌易感基因,C. BCL－2,与凋亡相关的基因"刺猬"基因,D. Vpr－控制艾滋病病毒繁殖的基因。

6. 基因疾病种类的相关研究:两极紊乱,天然白内障,黑素瘤,听力损失,诵读困难,甲状腺癌,幼儿突然死亡综合征,前列腺癌和侏儒症。

7. 遗传研究人员成功地将 CFTR 移植到老鼠的肠内。这将是治疗包囊性纤维症的重要一步。研究人员宣称通过脂质体的方法将 CFTR 移植到人体内,并取得初步成功。

8. 基因工程设计的人类 DNA 酶被批准使用,该酶可打破肺无载体病人肺中的蛋白质堆积物。它是近 30 年来第一个治疗包囊性纤维症的药物。

9. 另一组研究人员报道:第一次成功使用反义寡聚核苷酸完成系统选择性抑制基因的表达。

10. 美国食品和药物管理局和欧洲联盟体允许 Centocor sReoPro 在美国及欧洲市场交易,CPMP 用于患有极危险的球状血管成形术。

11. GenzymeCeredaseCerezyme 被批准用于 I 型不对称疾病。

12. 虽然粗糙,但人类第一个完整的基因组相关图谱出版。

13. 本年在谁拥有基因组问题上的争论大大增加。

14. 科学家和研究公司设计出进入拥有 35,000 条详细人类基因数据库,并分享数据库信息的方法。

15. 在得克萨斯大学的研究人员报道了端粒酶导致人类细胞不可抑制地增长。这一发现可产生很多新的诊断、治疗应用。

16. 重组体 GM—CSF 被批准用于化学诱导嗜中型白血球减少症。

1995 年

1. 欧洲一个研究小组识别出一种基因失误是导致耳聋的原因。

2. 公爵大学医疗中心的研究人员将转基因猪的心脏移植到狒狒身上,证明物种的交叉手术是可行的。随后,第一次成功将狒狒的骨髓移植到一名艾滋病人身上。

3. 第一个活体器官中的流感嗜血杆菌完成测序,而不再只是对病毒的测序。

4. PCR 和 DNA 采指纹技术证明足球选手辛普森在双重谋杀案中无罪,但该结果不具说服力。

5. 主流宗教又一次新的结合,着手推翻现行的法律,允许取得专利的基因可用于医学和研究应用。该组织也包括颇具争议和坦率直言的生物技术产业批评家杰里米。

6.疾病控制和预防中心的研究者确认了埃博拉病毒在扎伊尔出血性发热爆发后出现。

7.研究人员称迄今仍未能认为 RNA 是生命起源的中心分子。

8.动物实验显示,最近识别的肥胖基因蛋白产物 Leptin 可能是造成体重降低的原因。

9.一种新的基因表达谱技术,STS 基因表达谱,将大大加快国际人类基因组计划。

10.一个单一的基因已经被识别,该基因可能控制所有动物眼睛的成长和发展。

11.携带人类阿尔兹莫病的转基因鼠被开发。

12.基因疗法,基因调节免疫系统和基因工程抗体已进入抗癌的临床应用。

1996 年

1.英国政府声称已经有 10 人因吃牛肉而感染牛海绵状脑病。

2.生命素重组干扰素药物 Avonex 被批准用于多硬化症的治疗。

3.科学家联合报道:已测序完成一个合成器官、啤酒酵母、面包酵母及其他的测序。该工作完成了最大的染色体组的完整测序,测序大于 1200 万对碱基的 DNA。

4.在南极大陆发现约 1500 万年以前来自火星的 mete-orite,经过科学家分析找到火星上存在生命的可能性的证据。

5.对海底活火山口深处不适宜生存的气温下发现的太古代有机体进行测序,大大提高我们对地球上生命进化的了解。这些微生物既不是真核生物,也不是原核生物。

6.研究人员发现 T－细胞免疫系统的临界三维空间结构。

7.一种便宜的诊断性生物体传感器可用于检验菌株为 E0157:H7 的大肠杆菌。

8.帕金森病相关基因的发现提供了一种新的方法去研究神经衰弱疾病的起因和可能的治疗方法。

9.调查显示公众对人类基因组和基因疗法的研究存在恐惧和猜疑。

1997 年

1.苏格兰若斯林研究所的研究人员报道他们从母羊的细胞中克隆得到第一头克隆羊——多利羊。随后使用核子转移技术从人类基因中克隆出又一个克隆羊——Polly 羊。

2.第一次生成人工的人类染色体。

3.滤泡刺激激素 Follistim 被批准用于不育症的治疗。

4.俄勒冈研究人员声称已经克隆到 2 头猕猴。

5.美国专利局宣告允许 EST 申请专利,重要遗传学家对此表示震惊及沮丧。

6. Orasure，一种不失血的艾滋病病毒抗体试验被批准。

7. Clock 基因被识别与哺乳动物的生物钟相关。

8. 研究人员使用一小段 DNA 和一些平常的生物学实验室技术，设计了第一个 DNA 计算机"硬件"：由 DNA 决定的逻辑思路。

9. 一种预防泌尿管道感染的新大肠杆菌疫苗被开发。

10. 莱姆关节炎病原体——疏螺旋体的基因组被完整测序，同时被测序的还有大肠杆菌和 H 型幽门。

11. 食品和药物管理局宣布美华罗成为公认最成功的动物抗癌药之一。

12. 新的 DNA 技术：合成 PCR，DNA 接头和计算机设计，成为研究疾病起因的新工具。

1998 年

1. 夏威夷大学的科学家从成人子房堆积细胞的核中克隆出三代老鼠。

2. 美国食品和药物管理局允许治疗 Crohn 病的单克隆抗体 RemicadeTM 出口。

3. 两个研究小组成功使胚胎的茎干细胞生长，这是分子生物学的重要一步。

4. 日本近畿大学的科学家用从一头母牛中取出的细胞克隆出 8 头完全一样的小牛。

5.HER2neu 可用于治疗乳癌的新抗体,这一结果预言以分子瘤细胞为基础的治疗将跨入新的纪元。

6.福米韦生(抗病毒药)成为用反义医学技术开发的第一个被批准的治疗试剂。

7.对饥饿瘤生物制品的研究,包括制管张素和内稳定素,被批准用于临床。

8.第一个完整的动物线虫基因组测序完成。

9.人类基因组粗糙草图完成,显示了 30,000 以上基因的定位。

1999 年

1.以唯一抗体外型为基础的一项新技术可替换现行用 DNA 采指纹的方法。这种方法易于操作,引起了法律机构的广泛关注。

2.一种新的医药诊断试剂被批准用十快速检测牛海绵状脑病/CJD 病,牛海绵状脑病/CJD 病稀有,但可从牛转移到人体中,并导致破坏神经系统的疾病。

3.研究在不断继续,与此同时,伦理的讨论越来越激烈。在美国有 1,274 个生物技术公司,至少已有 300 个的生物药物和疫苗正在进行临床试验,并有数以百计的生物药物和疫苗在进行早期开发。这些产品包括药品、诊断试剂、生物杀虫剂和转基因农作物。人类基因组在预算时间内进行,预计将在 5 年或更短的时间内完成全部人类基因的表达谱。

好动与不满是进步的第一必需品。

——爱迪生

名句箴言

重组DNA技术的出现

为了研究真核细胞中基因的调控,首先必须获得足够量的特定 DNA 片段。如果能把需要的 DNA 片段导入细菌,则可以达到大量增殖的目的。但是,这并非简单的技术。1972 年美国斯坦福大学的生物化学家伯格取得了第一批重组 DNA。1973 年美国斯坦福大学科恩和博耶等用大肠杆菌的质粒作为运载体。用一种专一性的内切酶取得所需要的外源 DNA 片段,把它插入同样被切开的质粒中,再移回大肠杆菌中。当大肠杆菌大量繁殖时,这种外源 DNA 也随之大量扩增。这种技术的建立既促进了真核细胞基因调控的研究,也为实际生产开辟了广阔前景。1977 年在博耶实验室里完成了利用重组 DNA 技术生产出人丘脑分泌的生长激素释放抑制因子。1978 年在美国哈佛大学又成功地用此法生产了胰岛素,不久就在旧金山附近一个工厂投产。1980 年初,在瑞士和美国都报道了利用重组体 DNA 技术使细菌生产干扰素。有些科学家认为,重组 DNA 技术的建立使分子生物学开始了一个新时代。重组 DNA 技术或称"基因工程"成为当代新产业革命的一个重要组成部分。

与此同时,利用细胞融合技术开创应用单克隆抗体的免疫学方法也蓬勃发展。1975 年长期在英国工作的阿根廷免疫学家米尔斯坦同联邦德国免疫学家克勒在英国用小鼠髓瘤与小鼠淋巴细胞融合的技术,成功地获得了世界上第一株能稳定分泌抗绵羊红细胞的单一抗体的杂交瘤细胞株。这一开创性的应用单克隆抗体,被誉为免疫学上的一次技术革命。单克隆抗体技术对肿瘤治疗、自动免疫系统病、器官移植以及其他疾病的诊断、治疗方面开辟了新的前景。

名句箴言

不管怎样的事情，都请安静地愉快接受吧！这就是人生。我们要接受人生，勇敢地、大胆地，而且永远地微笑着。

——卢森堡

细胞生物学的兴起

20世纪 50 年代，细胞学逐步从形态的描述和实验转向结构和功能的探讨。随着电子显微镜的改进与相应技术的建立，以及受分子生物学的影响，对细胞的观察研究进入了新的层次，人们力求从亚细胞结构水平甚至分子水平结构上阐明细胞的整体功能。这就使细胞学发展到一个新的阶段，成为一门新兴的独立分支学科——细胞生物学。

一、细胞概念的发展

1925 年美国细胞学家 E. B. 威尔逊出版的《发育和遗传中的细胞》是 19 世纪中后期以来,有关细胞学研究的总结。他所提出的光学显微镜下的细胞模式图,包括细胞膜、细胞核、细胞质以及主要的细胞器和内含物等,一直沿用到 1950年。20 世纪 50 年代起,随着电镜的广泛应用,发现膜是细胞的基本结构。60 年代还发现细胞质内的微管和微丝,以及由微管按一定规律集聚成的鞭毛、纤毛、基体和中心体等。因此,到 70 年代开始提出细胞主要是由膜系统结构组成的复杂的动态体系,它既有膜相结构,又有非膜相结构。对于细胞的生物学特性则概括为:细胞是遗传信息和代谢信息的储存和传递的系统;细胞是从小分子合成复杂大分子,特别是核酸和蛋白质的系统;细胞又是一个内部有能量流动,并保持整体动态平衡的开放系统。

二、细胞膜的结构和功能

1935 年英国生物学家丹尼利和戴维森提出了"丹尼利－戴维森模型"。他们认为细胞表面膜有一个类脂构成的核心,脂分子的极性端朝外,每边覆盖一层单分子的蛋白。20世纪50年代以来通过瑞典生物学家舍斯特兰德、美国物理学家罗伯逊等各自用电子显微镜所作的研究,于1959年指出多数膜是由暗－明－暗,即蛋白－磷脂－蛋白三层组成的"三合板"式结构。这种膜的模型有相当普遍性,故称单位膜。单位膜模型未能反映膜的动态结构和膜功能的多样性与专一性。20世纪60年代以来的大量研究工作表明外周膜具有物质转运、能量转换、信息传递、细胞和分子识别等重要功能。

三、染色体的结构

到20世纪30～40年代已分析出染色质内含有DNA、RNA,酸性蛋白和碱性组蛋白。50年代对各主要成分进行了定量测定,并明确了DNA和组蛋白结合成的核蛋白是染色体的主要成分。1953年DNA双螺旋结构的阐明,推动了染色体结构的研究。1957年美国的泰勒提出的边链模型,属于"蛋白质骨架"模型。同年英国的威尔金斯则提出以DNA为核心的模型。这两类模型在60～70年代均各有发展。1974年由A.L.奥林斯、D.E.奥林斯、科恩伯格和奥特脱等提出并经过多方证明的核小体模型,又完全替代了以DNA为核心的超盘绕模型。反映了对染色体结构的新认识。

四、线粒体的结构和功能

1934 年美国解剖学家本斯利和 L.霍尔成功地分离了豚鼠肝脏的线粒体,开创了用生化方法直接研究细胞器的广阔前景。1948 年已确定线粒体是细胞呼吸的场所,又是细胞能量转换的中心。20 世纪 50 年代,罗马尼亚裔的美国细胞生物学家帕拉德和舍斯特兰德分别发表线粒体结构的报告,虽略有差异,但主要方面比较一致。1956 年帕拉德提出线粒体由外膜、内膜、脊、外室、内室和基质等组成,不久就得到了普遍的承认。1962 年用负染色法发现线粒体的内膜粒子。以后通过拆离重组实验,证明内膜粒子即 ATP 酶复合体。1973 年查明 ATP 酶复合体头部、柄部和基部的各亚单位和分子量,其分子量总和与整体测定的分子量接近。

线粒体最重要的功能是进行与 ATP 合成有关的氧化磷酸化作用。关于氧化磷酸化的机理研究,1953 年德国生化学家斯莱特提出化学偶联假说;1961 年英国生化学家 P. 米切尔提出化学渗透偶联假说;1964 年先由博耶后又由格林提出构型偶联假说。3 种假说都认为偶联涉及一种最初的受能状态,如高能的中间产物,离子梯度及构型的变化等,并由它们推动 ATP 的合成。三者都各有依据,但也有未能证实的方面。

名句箴言

人就个人而言终有一死，就整体而言则是不朽的。

——艾普利亚

神经生物学的新进展

神经解剖的研究早在 16 世纪就开始了，但是真正用科学方法来研究神经生理学则始于 18 世纪末。19 世纪中后叶，关于神经的基本组织单位、先天的反射活动和后天建立起来的反射行为等已经成为生理学家感兴趣的问题。到 20 世纪，神经生理学发展很快，从结构、组织、生理、生化、胚胎、药理、病理等行为许多方面开展了大量研究。神经生理学这一名称遂扩大而被称为神经生物学。有时也称为神经科学。

一、神经系统结构的研究

西班牙的神经组织学家拉蒙·伊·卡哈尔在 19 世纪 80 年代建立起神经元理论,指出神经系统,包括中枢和外周神经均由具有特殊结构的神经细胞——神经元组成,各个神经元之间有连接点。神经元理论的建立取代了过去不是建立在细胞基础上的网络理论,为研究神经传导奠定了科学基础。19、20 世纪交替之际英国生理学家谢灵顿在拉蒙·伊·卡哈尔的基础上继续进行这方面的研究。1897 年,谢灵顿把神经细胞之间的连接点定名为"突触",它成为以后研究神经传递的一个重要概念。1910 年谢灵顿进一步提出由于有突触存在,神经脉冲不是随机地在神经细胞间传入传出,而是通过突触的单向传导。经过许多人的工作,到 20 世纪初已经明确突触是有结构的。从 20 年代直到 20 世纪 50 年代通过高倍电子显微镜的观察表明,突触前和后有两个分开的膜,分属突触前后两个神经元,中间的 200 埃间隙,称为突触间隙。这样的结构普遍存在于神经系统中。电镜的观察还表明,突触前靠近膜处有突触小泡等其他结构。突触小泡后来证明是神经递质贮存的场所。

二、神经兴奋的电传导

早在 1791 年,意大利解剖学家伽伐尼就发现了生物电现象。19 世纪有更多的生理学家从事电生理的研究。取得了测定神经电传导的速度、发现"全或无"定律等许多成果。20 世纪有了示波器和电子放大器,特别是 30 年代英国生理学家 J.扬于 1933 年以乌贼大神经纤维作为研究材料后,对神经电传导的电阻、电位及其在刺激前后的变化等都进行了定量的测量。40 年代,英国生理学家霍奇金、赫胥黎和 B.卡茨进而研究钠,钾离子同神经传导的关系。他们发现:在静止状态时神经纤维膜为"钾膜",钾离子可以通透,趋向于钾的平衡电位;在活动时则为"钠膜",对钠离子有极大的通透性,趋向于钠的平衡。因此动作电位的产生,本质上是"钾膜"转变为"钠膜",而且这种转变是可逆的。

三、神经化学递质的研究

1905 年英国生理学家埃利奥特发现用电刺激交感神经的结果同肾上腺素引起的反应类似,并认为这很可能是当电脉冲到达肌肉连结点时释放了肾上腺素。这项工作当时并未引起重视。1921 年奥地利的勒维用蛙心做实验,直接证明在心肌上的交感神经末梢和副交感神经末梢释放出两种不同的化学物质,一种使心跳减速,另一种使心跳加速。英国生理学家戴尔早在 1914 年就从麦角中分离出乙酰胆碱。后来勒维认为副交感神经对心肌的作用同乙酰胆碱类似。1926 年,在戴尔建议下,勒维用毒扁豆碱抑制乙酰胆碱酶的活性,使乙酰胆碱能保持一定量。同时也观察到副交感神经作用加强和延长的效果。1932 年前后,戴尔又作了一系列的实验,取得了乙酰胆碱存在于内脏器官神经末梢的直接证据。此后,乙酰胆碱作为神经递质则扩大到横纹肌神经末梢、交感副交感神经节和中枢神经系统中的某些神经细胞的末梢等方面。这项开创性的研究为此后神经递质的研究打下了良好的基础。至于交感神经末梢递质是去甲肾上腺素首先是美国生理学家坎农和其合作者在 1934～1935 年提取出"交感素",1946 年瑞典生理学家奥伊勒才阐明其为去甲肾上腺素。第二次世界大战后,特别是自 1960 年以来,对脑内递质开展了不少研究。除了上述已知的两种递质外,还发现了约 30 种不同的递质,各在一定的部位,各有不同的作用。它们有些是氨基酸,如甘氨酸、丙氨基丁酸等;有些是胺类,如儿茶酚胺类的多巴胺,去甲肾上腺素和肾上腺素等;还有些是多肽类。20 世纪 70 年代脑啡肽的发现为神经系统内抗痛机理的研究开辟了新的前景。

四、脑功能的研究

英国生理学家谢灵顿的工作是同"反射"活动联系在一起的。他本来想研究大脑的反射活动。由于太复杂难以着手,才于 1893 年从研究膝跳开始,研究感觉神经元、运动神经元以及由一个或多个中间神经元连接起来共同协作所形成的反射弧。为阐明这一神经系统的整个过程,他花了约 10 年的时间。第一次世界大战之后,他提出抑制的概念,并认为抑制过程同兴奋过程同等重要。他还研究了不同类型的协调反射,以及大脑或小脑对脊髓反射中枢的影响。俄国生理学家巴甫洛夫在 20 世纪初建立起"条件反射"的概念。他证明条件反射是大脑活动的结果,可以由后天训练得来。他利用条件反射对大脑的兴奋与抑制过程作了大量研究,不仅对生理而且对心理、精神病以及教育等都有一定影响。

关于脑功能区的定位问题,到 19 世纪才有人提出:大脑主司感觉与思考,延髓为活命中枢,小脑主协调躯体运动。对人的大脑皮层功能区的研究,开始于 19 世纪对尸体解剖的观察,如失语症同额叶中央前回底部之前的损伤有关等。在人脑上用电刺激研究功能定位,开始于 20 世纪 30 年代。德国神经外科医生 O. 弗尔斯特和加拿大神经生理学家 W. G. 彭菲尔德在外科手术时,在清醒的病人身上,用电刺激大脑的不同部位引起不同反应。根据这种结果绘制出人的大脑皮层功能区域图表明,感觉区集中在中央后回,运动区集中在中央前回,这些区域的每一处都同身体的一定部位相联系,但皮层部分的大小与实际体表部分不成比例,而同控制的精确度成比例。美国脑生理学家斯佩里从1世纪40年代就开始用猫和猴子做实验,切断大脑两半球间的连接,进行观察。60年代,他同医生合作,对癫痫病人作两半球割裂治疗时观察到:两半球分工不同,各自具有相当的独立性。两个半球分别具有高级智慧机能,但语言主要在左侧;当外界视像进入左半球时,可以用语言表达出来;当外界视像进入右半球时,则不能用语言而只能以手势来表达。这一工作改变了原来对大脑功能区看法,引起了人们的重视。

19世纪70年代英国生理学家卡顿用兔、猫、猴等40头动物作测量,发现它们的大脑普遍存在着电的变化。15年后,这一现象又由波兰生理学家A.贝克独立发现。此后,脑电才引起科学界的注意,进入20世纪后开始作脑电记录。1925年德国精神病学家伯杰用灵敏度高的电极插在他儿子的头上作脑电测定,发现有心理活动时(如注意等)脑电波发生变化。

他还记录了脑损伤时的脑电图,为后者用于临床诊断奠定了基础。从20世纪50年代开始,脑电的研究向着探索与特定知觉有关的信号方向发展,开展了诱发电位的研究工作。英国由道森于 50 年代初建立起世界上第一个记录瞬态诱发电位的装置。20 世纪 60 年代，又引入傅立叶分析仪，使研究工作取得新进展。到 70 年代对人的视觉、听觉、甚至婴儿的感觉，都有了灵敏的检查指标，不仅在临床上得到广泛应用，也为进一步探索脑功能提供了条件。

20 世纪在感觉生理学上最受重视和发展最快的是中枢神经系统对外界感觉的加工，在如何识别信号、如何形成感知方面已取得了一些阶段性成果：①神经网络上侧抑制的发现。出生在匈牙利的美国生理学家贝凯西发现在视觉系统中有互相抑制的作用，有助于加强视觉中的反差效应。②神经纤维的感受域。这是英国生理学家阿德里安在 1930 年前后提出的概念。他的实验发现许多感受器都会引起同一根神经纤维的反应，因此他把这一纤维所联系的许多感受器的区域称为感受域。③大脑皮层存在着"粒"状细胞群的"功能结构"。20 世纪 60～70 年代的研究初步表明，大脑大约有 1 亿至 100 亿细胞，它们是有序的，在感知外界事物的信息加工过程中是遵循一定的法则的，而且各种感觉都有共同规律。

从历史的发展看，神经生理学特别是大脑功能的研究，已成为继分子遗传学以后吸引科学家进行探索的一个重要领域。

追上未来，抓住它的本质，把未来转变为现在。

——车尔尼雪夫斯基

名句箴言

进化论在二十世纪的发展

1859 年 C. R. 达尔文的《物种起源》出版后，他所建立的以自然选择为核心的进化论经过一段争论之后较快地被同时代的许多生物学家所接受，并在科学上不断得到补充。但是，由于遗传学在 1900 年以前尚未建立，自然选择的机制尚缺乏实验基础，人们在承认生物进化事实的同时，对进化的机制却产生了种种看法。进入 20 世纪后,遗传学进展十分迅速,在不同的发展阶段都对达尔文的进化学说产生了影响。在孟德尔定律重新发现后的一段时间内,达尔文的进化论曾处于不利的地位。首先是对达尔文提出的作为自然选择基础的连续变异发生了尖锐的争论。英国生物统计学派的代表人物戈尔顿和韦尔登等坚持达尔文的连续变异和渐进进化的观点,断言孟德尔定律在进化过程中不起作用;而以贝特森为代表的遗传学家则坚持不连续变异即突变在进化过程中有重要作用。1904 年在英国科学促进会组织的一次会上,这场争论以贝特森的胜利而告终。此后,许多学者对达尔文关于自然选择作用于连续变异能产生进化性变化的学说表示怀疑,反而接受了德·弗里斯于 20 世纪初提出的通过"突变"而产生新种的骤变论观点。达尔文的自然选择学说在进化论中恢复了它的主导地位,主要是从 20 世纪 20~30 年代群体遗传学建立后开始的。早在 1908 年英国数学家哈迪和德国医学家魏因伯格就分别提出平衡定律指出,在一随机交配的大群体中,若无突变、迁移和选择等因素的影响,则显性基因与隐性基因的比例可以代代保持恒定。但这一工作当时没有引起注意。到 20 年代由于切特韦里科夫、费希尔、霍尔丹和赖特等人作了大量的研究工作,群体遗传学才完全建立起来。

前苏联进化论者切特韦里科夫于 1926 年发表了一篇题为《从现代遗传学观点看进化过程的某些特征》的论文,总结了他对果蝇自然群体的研究。认为群体内含有大量"隐藏着的"遗传变异,这些变异大多数是隐性的,在纯合情况下会致死,但若以杂合的形式存在,则其基因频率就可代代相传,符合于哈迪-魏因伯格定律,自然选择对它们发生作用,便会导致生物的进化。英国生物统计学家费希尔于1930年出版了《自然选择的遗传学理论》一书,概括了他从1918年开始的工作。他用数学模型研究了适应同群体增长速度和群体基因频率变化之间的关系。他表达了以下概念,即突变大都是不正常的,迟早要在进化过程中被淘汰,只有自然选择作用于连续变异才能实现生物的适应和进化。这是在英语国家中首次试图把达尔文的自然选择学说同孟德尔遗传定律协调起来的工作。他的工作很快就被学者们接受。英国生物学家霍尔丹在他1932年出版的《进化的原因》一书中总结了他自1924年以米的研究,进一步把群体遗传同进化机理结合起来,他用数学方法定量地研究了由于自然选择而发生的群体中基因频率改变的过程,在许多方面都做出了重要贡献。美国遗传学家赖特1931年发表了题为《孟德尔群体的进化》的论文,强调了随机漂变在小群体中的重要性及非加性基因相互作用系统的普遍性,也为群体遗传学的建立打下了基础。可是,上述三位学者的著作都是用艰深的数学语言写成的,这就限制了它们在生物学界的影响。

现代综合进化论的诞生一般以多布然斯基1937年出版

的《遗传学与物种起源》一书为标志。他在书中把群体遗传学的成就同摩尔根等建立起来的果蝇染色体理论以及自然群体变异的观察结果进行了综合,发展了达尔文的进化学说,因此又称为"现代达尔文主义"。以后,英国进化论家赫胥黎主编的《新系统学》及他的著作《进化论的现代综合》、美国进化论家E.迈尔的《分类学与物种起源》、美国古生物学家辛普森的《进化的节律和方式》以及美国遗传学家斯特宾斯的《植物的变异和进化》等著作相继出版,表示了综合进化论的日趋成熟。

20世纪50年代分子遗传学的兴起又相当大地影响了进化论的发展,主要是使进化论摆脱了任何获得性遗传的影响,也排除了任何性状朝着一个方向连续突变的可能性,同时提供了有价值的同工酶凝胶电泳的研究工具,使学者们通过比较氨基酸和核苷酸的种类以及顺序就能在分子水平上研究各类生物的亲缘关系等。1978年迈尔明确指出了现代综合进化论的特点:彻底否定获得性遗传,强调进化的渐进性,认为进化是群体现象,并重新肯定了自然选择压倒一切的重要性。

在综合进化论盛行了30~40年之后,又遇到了两个严峻的挑战。一个是1968年由日本遗传学家木村资生提出、并于1969年得到美国生物学家J.L.金和朱克斯积极支持的"分子进化的中性学说"。他们根据分子生物学所发现的新事实,指出在分子水平上引起进化性变化的主要因素不是 C.
R.达尔文的真正选择,而是选择中性的或近乎中性的突变随
机漂变的结果。木村认为在表型水平上达尔文的自然选择
起主导作用,而在分子水平上起主导作用的则是随机的遗传
漂变。中性学说提出后曾引起过不少的争论,但确实打开了
一个尚需探索的新领域。对综合进化论的另一个挑战是美
国古生物学家埃尔德雷奇和古尔德于 1972 年提出的间断平
衡论。他们认为,生物进化是渐变和骤变交替出现的过程。
达尔文进化论和综合进化论都强调演化是一个渐变过程。
间断平衡论的主要依据是某些被认为是由于基因突变和环
境激变而导致迅速成种的古生物学事实。因为在许多情况
下并不存在中间类型的事实,该理论可以解释化石中缺少中
间环节的现象。间断平衡论在 1980 年于芝加哥召开的国际
进化生物学专题讨论会上得到不少人的支持,所以也引起了
科学界的重视和研究。

"生态学"一词是海克尔于 1866 年最先引入科学之中的。他于 1869 年给生态学所下的定义是:"研究动物对有机和无机环境的全部关系的科学。"在 19 世纪以前一些科学家虽已间或从生态学的角度思考问题。但只是到了 19 世纪初生物地理学出现后才促进了生态学思想的发展。德国自然科学家洪堡是研究动植物群落与地理环境关系的先驱。他特别注意植物与生长地条件的关系,认为在相似的地带和垂直带地理条件中,不同类型植物表现出相似的"外貌"。瑞士植物学家德康多在他的《植物地理学》一书中详细描述了各种环境因素对植物的影响,并注意到,植物的生态可塑性比动物的高。

19 世纪后期生态学的研究内容基本上是动植物的生活方式以及它们对温度、光、水分等气候条件的适应。1877 年,艾伦发现随着气候的地理改变,北美哺乳动物和鸟类的身体及其突出部分的比例,以及颜色的变化等都遵循一定的规律。

19 世纪 70 年代末,生态学中产生了群落研究的新方向。它源于德国水生生物学家默比乌斯。1877 年他基于对北海牡蛎浅滩的研究,总结出生物群落的概念。稍后,俄国的帕却斯基建议把植物群落的研究作为一门特殊的学科划分出来,并于 1896 年称这门学科为"植物社会学"。

欧洲早期的动物生态学研究以英国的埃尔顿的工作最著名,他是 20 世纪 30 年代出现的种群生态学的奠基人。他在《动物生态学》一书中把自己的注意力从单个生物转向整个种群,并认为对种群应独立地进行研究。种群生态学的中心问题是种群结构和数量动态。种群研究不仅有助于对生物进化问题的了解,它也是解决许多实践问题的理论基础。

美国洛特卡和意大利的沃尔泰拉的工作促进了种群研究向实验方面发展。1935 年,高斯研究了捕食者和被食者的相互联系中间的竞争关系。种群研究还导致了格利森于 1917 年提出生态位的概念。1920 年,H. E. 霍华德发现鸟类生活的领域作用,导致奈斯在 30 和 40 年代的进一步研究,从而产生了行为生态学。此外,种群生态学由于定量研究的需要而导致理论数学生态学的产生。

从 20 世纪 40 年代开始,在生态学中产生了崭新的研究观点和方法。1935 年,英国生态学者坦斯利提出了生态系统的概念。5 年之后,前苏联的苏卡乔夫又独立地提出了"生地群落"的概念。在这两个概念中都包含着生物与非生物环境的整体统一性，以及作为生物群落与周围非生物环境联系的基础的物质循环和能量转化的思想。生态系统概念和生物地理群落概念非常相近，现在大多数生态学家同意把二者作为同义语使用。

特别应该提到的是对系统生态理论的建立起了重大作用的林德曼。他和他的妻子于 20 世纪 30 年代末期在明尼苏达对一个衰老湖泊开展了详细的生物学研究。他们阐明了养分从一个营养级位到另一个营养级位的移动规律，因而创造了营养动态观点。1942 年，他发表了题为"生态学中的营养动态方面"一文。这是一篇关于生态系统中能量流的经典著作，具有划时代的意义，成为后来关于动、植物群落中能量流动的许多研究的理论基础。

近 40 年来，美国生态学家奥德姆、奥德姆、哈钦森的著作都对系统生态学的发展起了推动作用。奥德姆的《生态学基础》一书对生态学知识 152 的传播和青年生态学家的培养均起了很大作用；奥德姆的《系统生态学》，则是系统生态学的权威性著作。